硯箱《すずりばこ》の美

［蒔絵の精華］

著／内田篤呉

はじめに

硯は、平安時代の辞書『和名類聚抄《わみようるいじゆしよう》』に「須美須利《すみすり》」とある墨を磨る道具で、この硯と筆、水滴《すいてき》、墨などを一つの箱に納めたものが硯箱である。中国では、硯を台の上に載せて用いたようで、宋時代に文人趣味が成立すると、北宋の蘇易簡著『文房四譜』に文人の書斎の中で四つの文房具即ち筆、硯、紙、墨が最も貴重であると記されている。また「文房四寶《ぶんぽうしほう》」という言葉をよく耳にするが、「四寶」とは筆硯紙墨を指したもので、ここに硯箱は含まれていない。どうやら硯箱は、日本で独自に発達、展開したようである。遺品に中国製の硯箱をほとんど見ないのもこのためであろう。

今日に知られる最古の硯箱は平安時代の洲浜鵜螺鈿硯箱《すはまうらでんすずりばこ》で、室町時代に入ると、名品が数多く作られた。硯箱が殿中書院でどのように飾られたかを『君臺観左右帳《くんだいかんそうちよう》記《き》』や『御飾書《おかざりしよ》』に見ると、ここでは唐物ばかりが眼につき、蒔絵硯箱は登場しない。不思議に思い調べてみると、蒔絵のものは殿中の褻《け》の場で用いられていた。東山時代の書院飾りには晴と褻の場があり、晴の場には唐物、褻の場には和物が主に使われていた。この様相については、拙著『塗物茶器の研究』（淡交社）で既述したので、参考にして戴きたい。

硯箱の歴史を繙《ひもと》くと、その多くは漆芸品である。漆は天然の塗料として優れた特性を持ち、また黒漆地に金蒔絵が創り出す美しさが人々の心を魅了した。そのため、平安時代以降、蒔絵は格式ある調度品として制作されてきた。特に硯箱は蒔絵の代表で、数多くの名品が遺っている。この硯箱は漆工史の重要な研究分野であるが、工芸史の研究対象だけでなく、ここには下絵を描いた絵師の存在があり、意匠の背景には和歌や物語があり、調度品としても邸宅を飾ってきた。硯箱は単に硯や筆、墨を納める道具ではなく、それを受容した人々の姿や意匠の背景にある絵画や文学など多面的な人間の精神活動の営みが見えてくる。硯箱の周辺には、絵画、文学、建築など様々な日本文化がせめぎあっているのである。

本書は、硯箱の発生や展開などその歴史を概観し、その名品の鑑賞に資することを意図したものだが、硯箱が持つ日本工芸品としての本来の姿も紹介したいと考えている。したがって、ここでは意匠の基層にある文学との関わりにも重点を置く記述となっている。本書を通じて、硯箱の魅力と日本工芸の持つ多面的な世界の一端を伝えることができれば幸せである。

硯箱の美［蒔絵の精華］ もくじ

第三章　硯箱の歴史

第一章 美の極致——光琳・光悦の硯箱

光琳蒔絵《こうりんまきえ》は、『日本国語大辞典』（小学館）に「尾形光琳およびその派の蒔絵」とあり、広義には光琳風の蒔絵全般を示すが、狭義には光琳の自作を指している。その特徴は、王朝文学を題材とすることや、鮑貝《あわびかい》、鉛などの材料を大胆に用いた点にあると指摘されているが、それはとりもなおさず光悦《こうえつ》蒔絵の特徴でもある。光悦と光琳の蒔絵に関する研究史を繙《ひもと》くと、江戸時代の諸史料に「光琳蒔絵」の用語を見出すが、光悦の蒔絵について、元禄期の銀貨改幣に関わり銀座役人が闕所《けっしょ》に処せられた際の正徳四年（一七一四）『銀座諸道具落札』目録（『國寶』第二号）に「光悦柴舟《しばふね》硯箱」「同松椿《まつつばき》硯箱」とある。この他は、文政十年（一八二七）『茶器名物圖彙《ちゃきめいぶつずい》』の「光悦塗」まで見られない。

それでは、光悦蒔絵と光琳蒔絵との境界は何処にあるかとなると、筆者は次の二つの視点に求めることができると考えている。第一は、蒔絵の材料技法論に立脚するもので、蒔絵粉の編年や塗膜の経年変化を観察することによって、個別作品の持つ技法や材料の特徴を明らかにしてゆく方法である。第二は主題の解釈によるものである。光悦蒔絵は、謡曲や『扇の草子』など中世の文芸を基層に置いているが、光琳蒔絵は江戸時代の文芸思潮が大きく影響していると考えられる。すると、ここに光悦と光琳の意匠的な相違が見出される。一例を挙げれば、室町時代の蒔絵の特徴は歌絵にあるが、筆者はかつて徳田和夫氏の論考を読み、住吉《すみよし》蒔絵硯箱（50頁）が『古今和歌集』仮名序の「水にすむ蛙《かわず》」の中世古今集注釈を本説とする説話との指摘に接して少なからず衝撃を受けた。（註1）今日までの蒔絵研究者の間では、古典文学に基づく詩歌の出典を明らかにすることに努めてきたが、国文学研究では、中世の『古今和歌集』『伊勢物語』の享受、

註1 徳田和夫「室町文芸と説話」『説話の講座第六巻 説話とその周縁—物語・芸能—』勉誠社 平成五年

理解のあり方が現在のそれと著しく異なることを指摘して久しい。先の「水にすむ蛙」の原拠となる「花になく鶯、水にすむ蛙の声を聞けば、生きとし生けるもの、いづれか歌をよまざりける」（『古今和歌集』仮名序）の一文についても、室町時代では『古今和歌集』そのものよりもその注釈に基づく説話と一体化して享受され、御伽草子《おとぎぞうし》、説話などに引かれ、[註2]謡曲《白楽天《はくらくてん》》に影響を与え、さらに謡曲《蛙》を成立せしめたという。[註3]すると、室町時代における文学享受のあり方が、その時代の蒔絵意匠に大きく影響しているのである。光琳蒔絵も江戸時代の文学の享受が、その意匠に大きな影響を及ぼしているものと考えられる。

そこで、光琳の代表作として伝えられる八橋《やつはし》蒔絵硯箱を取り上げ、その意匠にみられる文学享受のあり方を明らかにし、次に伝光悦作の樵夫《きこり》蒔絵硯箱との比較を通して、光琳と光悦の硯箱の特徴を明らかにしてみたいと思う。

■八橋蒔絵硯箱

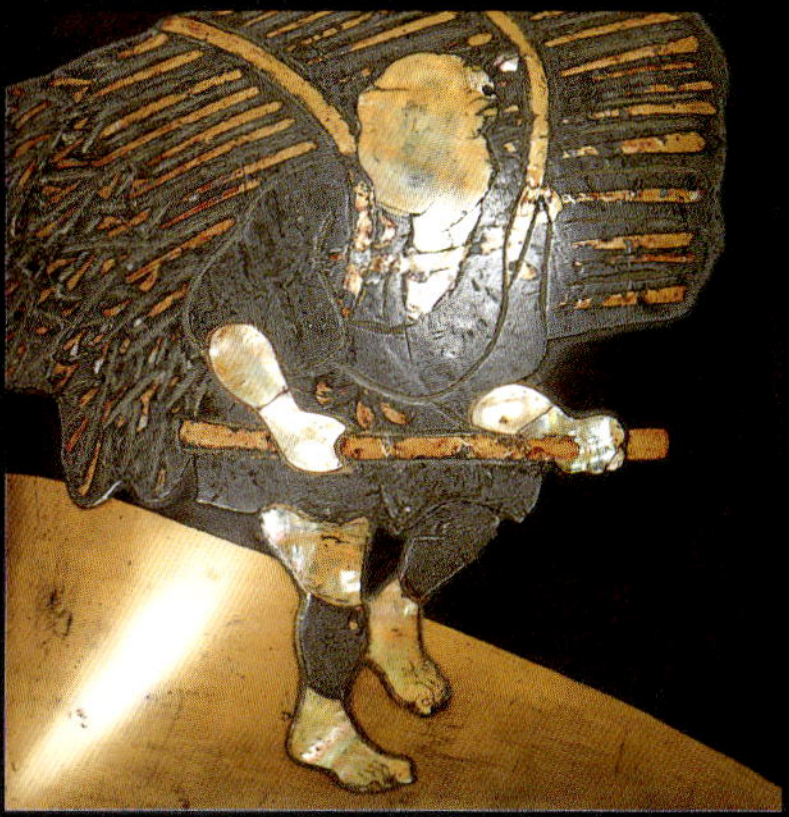

■樵夫蒔絵硯箱

註2　片桐洋一『中世古今集注釈書解題（一）』赤尾照文堂　昭和四十六年　五～六頁

註3　伊藤正義「古今注の世界―その反映としての中世文学と謡曲―」『観世』昭和四十五年六月号

写真上　八橋蒔絵硯箱　尾形光琳作
国宝　東京国立博物館蔵
Image:TNM Image Archives

写真下　樵夫蒔絵硯箱　伝本阿彌光悦作
重要文化財　ＭＯＡ美術館蔵

八橋蒔絵硯箱

まず八橋蒔絵硯箱の意匠と技法から概観していくことにしよう。この硯箱の意匠が、『伊勢物語』八橋の段に因むことは明らかで、我が身を無用と思い込んだ男が供の者を連れ東国に下る。その途次に三河国《みかわのくに》八橋に立ち寄り、燕子花《かきつばた》が美しく咲いているのを見て「かきつばた」の五文字を和歌の句の上に詠み、都に残した妻を憶《おも》って涙する。八橋の硯箱はこの光景を表したもので、ほぼ水平的な視点で捉えた燕子花、ほとんど真上から見た板橋が蓋表を斜めに横切り、長側面に斜めに架けられた橋と連続し、蓋表と側面に見事に調和した構成である。この構図の特徴は、四側面が連続し、手前の短側面が立ち上がって蓋表の図様を形成していることである。この構図は、光琳の子息寿市郎《じゅいちろう》の養子先小西家に伝来した光琳関係資料（小西家文書と略称する）に収める竹図（挿図1）、梅花図、草花図などの蒔絵下絵に共通している。つまり、光琳の工芸意匠の特徴は、平面的に描いた図様を立体化するところにある。例えば、蓋鬘《ふたかずら》の葉が横向きに描かれたところは、小西家文書の蒔絵下絵にみられる構図的な特徴である。

形状は、被蓋《かぶせぶた》に造った蓋鬘の両側に浅く手掛けを刳《く》り、身は二段重で、上段には水滴《すいてき》と硯を納め、下段を料紙箱としている。これは、室町時代の伝統的な硯箱には見られない器形である。塗りの技法は、素《す》黒目《ぐろめ》と呼ばれる漆を上塗に用いて、それを塗り放して艶のない塗肌に仕上げている。（註4）鮑貝《あわびかい》は、厚さ一ミリメートル弱程度の厚みの貝を塗膜面より高く貼り、貝の周縁に微妙な凹凸を残すのも特徴である。橋は鉛板で、橋桁には銀板を用い、鉛板は表面にわずかな凹凸を付けて、人が往来した跡を表現している。燕子花の葉は、金粉を蒔いた後に研炭で研がずにわずかに粉磨きを加えた程度の、いわゆる蒔放し風の平蒔《ひらまき》絵《え》である。

蓋裏と身の上段内部は金地で、身の上段の底裏、下段の内部は金の平蒔絵で光琳波を描いている。光琳

挿図1　竹蒔絵箱下絵（小西家文書のうち）
重要文化財　京都国立博物館蔵

註4　黒漆には、鉄の酸化作用を利用して黒色に仕上げたものと、油煙や炭粉を混ぜて黒色にしたもの、さらに無油漆と有油漆がある。現在生産されている黒漆に「蠟色漆」「黒塗立漆」「黒箔下漆」「黒中漆」「黒艶消漆」がある。

この頁すべて　八橋蒔絵硯箱　尾形光琳作　国宝　東京国立博物館蔵　Image:TNM Image Archives

の弟の乾山《けんざん》作金銀藍松樹文蓋物（出光美術館）の内側には波文様が描かれ、光琳筆と指摘されている。（註5）波文様は、光琳特有の軽快なリズム感を呈しているが、内側の隅の部分の波には筆の乱れがみられる。一般的に箱の内側の角で、しかも立ち上がりという箇所に絵付けをするのは、よほど手馴れた技術者でなければ難しい仕事である。光琳といえども蓋物の内側では、筆に乱れを生ずるのは至極当然のことといえよう。ところが、八橋蒔絵硯箱の内側立ち上がりに描かれた波は聊《いささ》かの筆の乱れを見ないから、箱の絵付けに習熟した蒔絵師の参加が考慮されてもよかろう。

註5　山根有三「尾形光琳・乾山合作　松波図蓋物」『國華』一一二七号　平成元年

この頁すべて　八橋蒔絵硯箱　尾形光琳作　国宝
東京国立博物館蔵　Image:TNM Image Archives

『伊勢物語』注釈書

『伊勢物語』は平安前期に成立し、在原業平《ありわらのなりひら》に擬定される主人公「昔男」の一生を、和歌を中心として歴史上の事実と虚構を織り交ぜた歌物語である。物語には、業平をはじめとする登場人物や時代、場所が明記されていないため、読者は主人公や登場人物を実在の人物に仮定し、時代背景や舞台を想像力で補いながら読み進めることになる。そのため同じ章段であっても時代や読み手によって、物語の内容の把握に相違が現れ、その解釈をめぐっておびただしい種類の注釈書が生まれた。

国文学者の大津有一氏は、『伊勢物語』の注釈書を「古注の時代」（平安末期から室町初期）、「旧注の時代」（室町中期から江戸初期）、「新注の時代」（江戸中期以降）と分類した。古注には、藤原清輔《ふじわらのきよすけ》の『奥《おう》義抄《ぎしょう》』、顕昭《けんしょう》の『袖中抄《しゅうちゅうしょう》』、藤原教長《ふじわらののりなが》の『古今集注』などがある。これらは何れも断片的な記述であったが、鎌倉時代に入るとまとまった形の注釈書が登場する。この時期の代表的な注釈書は『和歌知顕集《わかちけんしゅう》』系の一群と「冷泉《れいぜい》家流古注」と総称される一群がある。『和歌知顕集』は、登場人物の実名や各章段の事件の年月日を明示するなど、根拠のない事実を仮構しながら物語の背後の事情を語るところに特徴がある。一方、「冷泉家流古注」は、物語の仮構がさらに極端に表現され、その背後にある内容は『和歌知顕集』と大きく異なっている。

それでは東下りの段を窺うと、宮内庁書陵部本『和歌知顕集』には「みつゆく川のくもてなれは、はしをやつわたせるによりていふといへり」とある。これは、『伊勢物語』の本文を抄出したもので、その解釈は「かのかはの大河にてありし時は、ゆ、しく瀬おほくて八瀬にながれちがひたりしかば、橋をせごとにわたしたりし事をもて、やつはしとはなづけたる也」とあって、大河の時は、瀬が八方に拡がっていたので、その瀬ごとに橋を渡したため八橋と名付けたとあり、地名の由来に関心を払っている。これに対して『冷泉家流伊勢物語抄』（註6）では、「八橋」をかつて業平が関係をもった三条町、有常《ありつね》娘染殿内侍《そめどののないし》、伊勢、

挿図2　白描伊勢物語絵巻　書起図部分
（角川書店刊『伊勢物語絵』より複写転載）

（本文は次頁）

註6　片桐洋一『伊勢物語の研究』〔資料編〕明治書院　昭和四十四年

小町、定文《さだふん》娘、初草女、当純《まさずみ》娘、斎宮《さいぐう》の八人の女性達の比喩であり、「くもで」とは水が流れる様子でなく「八方を思心也」と解釈している。当時の人々は、こうした注釈が仮構する世界を通して『伊勢物語』を理解していたのである。謡曲《杜若《かきつばた》》《井筒》《雲林院《うんりんいん》》は、『伊勢物語』の本文から直接ではなく、この時代の古注によって構成されており、注釈書は中世から近世初頭にかけて大きな影響を持ち続けたのである。(註7)

古注は、室町時代の碩学《せきがく》一條兼良《かねら》によって否定され、「旧注」の時代へと導かれる。兼良の『伊勢物語愚《ぐ》見抄《けんしょう》』は、物語の記述をそのままに読みとる姿勢で貫かれ、連歌師宗祇《そうぎ》は兼良の古注批判を受け継ぎながらも若干の異なる立場をみせる。宗祇の注釈書は、弟子の肖柏《しょうはく》の『伊勢物語肖聞抄』や宗長の『伊勢物語宗長聞書《そうちょうききがき》』によって知られる。この系統は「古今傳授」の一環として様々な方面に伝えられ、三條西實《さんじょうにしさね》隆《たか》の講釈を清原宣賢《きよはらののぶかた》が筆録した『伊勢物語惟清抄《いせいしょう》』、細川幽斎《ゆうさい》の『伊勢物語闕疑抄《けつぎしょう》』、北村季吟《きぎん》の『伊勢物語拾穂抄《しゅうすいしょう》』などの注釈書を生み出している。旧注にみられる八橋の段は、『伊勢物語口訣』が「冷泉家流古注」の系統を受け継いで八橋を八人の女性の比喩とし、『伊勢物語宗長聞書』は縦横に逆巻く水流のため「くもで」は橋桁を支える蜘蛛手と解釈する。その他は、八橋の地名の由来に関心を払っている。(註8)

次に絵画に眼を転じると、現存する伊勢物語絵の諸本の中では、「水ゆく河のくもでなれば」という『伊勢物語』本文に合致した表現を持つのは白描《はくびょう》伊勢物語絵巻だけである。本作品は、梵字の経文が全面に印刷されているため図様はかなり見にくいが、書起図（挿図2）を見ると、細い水流の川が複雑にうねり、幾重にも小さな橋が架かっている。水辺には燕子花の他に沢瀉《おもだか》や葦が描かれているものの燕子花は殊のほか小さく、絵師の関心が川と橋の表現にあったことが窺える。(註9)これに対して室町後期の小野家本「伊勢物語絵巻」（挿図3）では、右半分に餉《かれい》を前にして坐る業平ら三人を、左半分に燕子花の群れがひときわ大きく描かれている。川は幾重にも広がる流水ではなく広い水面として描かれ、そこに一続きに八枚の板が渡された継ぎ橋を描いている。川の「くもで」の描写が消えて、八橋という地名の印象が強く表現されているのは、旧注の影響が現れているからであろう。

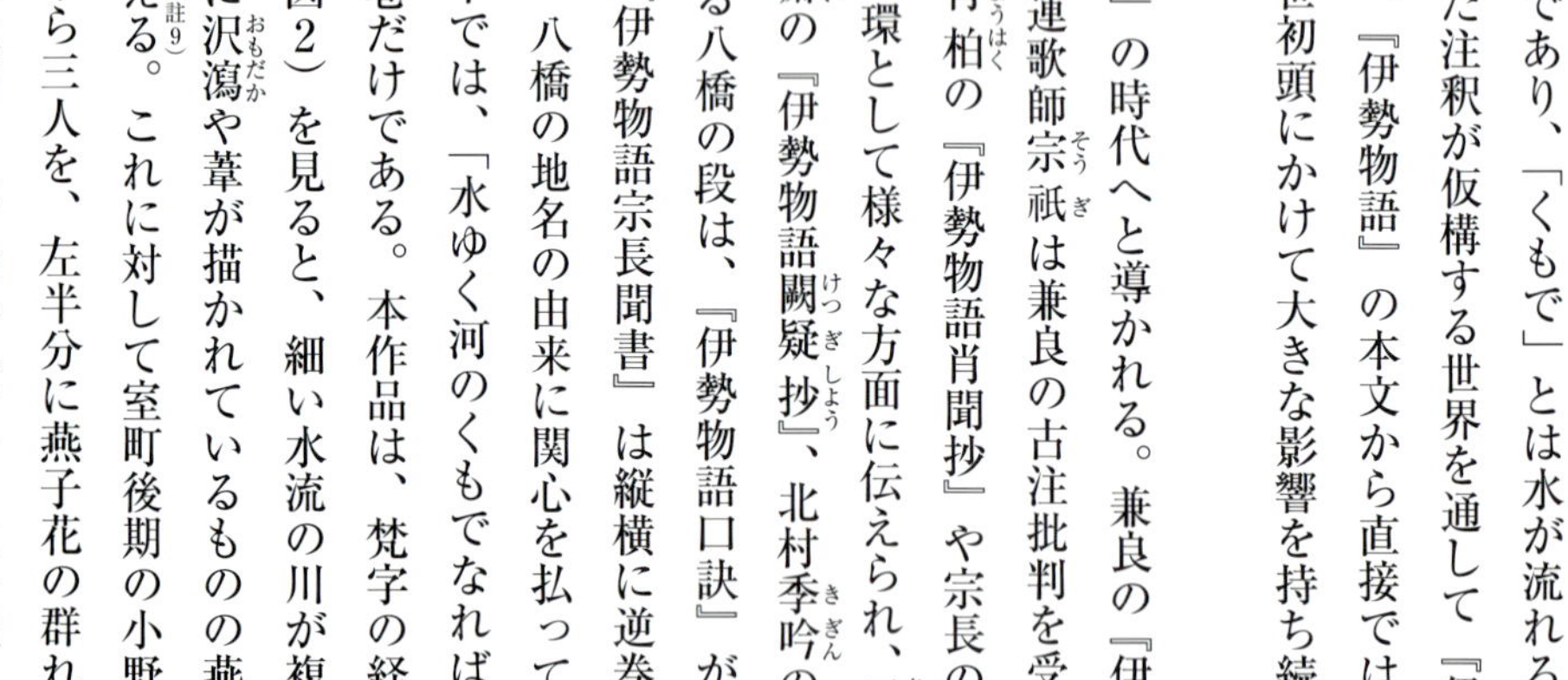

挿図3　小野家本「伊勢物語絵巻」八橋部分　個人蔵

光琳と八橋

近世に至ると、嵯峨本の登場により『伊勢物語』の享受のあり方が大きく変わってくる。慶長十三年（一六〇八）に刊行された嵯峨本『伊勢物語』（挿図4）は、その刊行直後から大きな反響を得たようで、国文学者の片桐洋一氏によると、慶長十三年版『伊勢物語』には数種の異版があり、慶長十四年と十五年にも新版が上梓され、慶長末年から元和初年にかけて覆刻本が何度か刊行された。寛永六年（一六二九）には最初の整版本が刊行され、『伊勢物語』は元禄期まで盛んに版本が出版された。元禄年間には刊記のある本だけでも十八種、刊年不明のものも含めるとさらに多くが版行されている。（註10）嵯峨本には上冊二十五図、下冊二十四図の挿絵が加えられていることも特筆される。八橋の段の挿絵は、上部に広い水面に稲妻形の継ぎ橋を配し、下方に幕を背に業平ら三人が餉を前に坐る様子を描きいれている。しかもこの図様は元禄年間に至るまでほとんどの『伊勢物語』の版本に踏襲されている。こうした版本の普及によって、燕子花と橋を見れば誰もが八橋の段を思い浮かべるほど、多くの人々の心に印象付けたようである。（註11）

寛文から貞享年間にかけての小袖の特徴に、模様から故事や古典を読み取らせる寓意の文様がある。（註12）寛文期より多数の小袖模様雛形本が刊行されるが、なかでも寛文七年（一六六七）刊『御ひいなかた』、貞享三年（一六八六）刊『諸国御ひいなかた』、同四年刊『源氏ひいなかた』、同五年刊『友禅ひいなかた』には大きな橋と燕子花を配した模様がある。美術史家の西本周子氏の調査によると、江戸初期から中期に刊行された雛形本六十数冊を調査したうち五十三冊に燕子花の模様が掲載され、燕子花の模様百十三例のうち十八例に「八橋」と記されていた。（註13）なかでも燕子花に八橋の文字を配した模様は、『伊勢物語』に導く謎言葉の意味を持つ。このような寓意の文様は、あまり馴染みもない主題では理解されないから、人々にとってより身近で日常的な主題であることが肝要であった。つまり、寓意の文様は、庶民の間に広く浸透していた和歌や物語、故事を典拠としていたと考えられる。

註7　山本登朗「『伊勢物語』の注釈」五島美術館特別展図録『伊勢物語の世界』平成六年

註8　『伊勢物語宗長聞書』『伊勢物語闕疑抄』（註9掲出本）、『伊勢物語愚見抄』（續群書類従十八）、『伊勢物語肖聞抄』（續群書類従十八）、『伊勢物語惟清抄』（續群書類従十八）

註9　筆者は、国文学的な考察やその注釈書に関しては門外漢であるので、国文学については片桐洋一氏、山本登朗氏の論考を、絵画に関しては伊藤敏子氏、千野香織氏の次の研究を参考にした。五島美術館特別展図録『伊勢物語の世界』（平成六年）、片桐洋一『伊勢物語の研究』（明治書院　昭和四十三年）、『鉄心斎文庫所蔵　伊勢物語図録』第一集～第二十集（平成三年～十三年）、伊藤敏子『伊勢物語絵』（角川書店　昭和五十九年）、千野香織「かきつばた－『伊勢物語』第九段の絵画－」（『能と狂言』十六　伝統芸能振興会　昭和六十一年）

挿図4　嵯峨本『伊勢物語』八橋部分　慶長十三年（一六〇八）　大東急記念文庫蔵

光琳が活動した元禄年間は、『伊勢物語』版本の普及や小袖に描かれた寓意の文様がもたらす連想の鎖によって、燕子花と橋を『伊勢物語』八橋の段に結び付けることは当然のこととして人々に受け止められていたと思われる。京の高級呉服商に生まれ育った光琳が、小袖模様に描かれた八橋の意匠を見知っていたことは間違いないであろう。光琳筆伊勢物語八橋図（東京国立博物館）に見られる燕子花、八橋、業平を配した図様は、『御ひいなかた』との関連が指摘されている。[註14]光琳は『伊勢物語』を好んで絵画や工芸に造形化しており、特に八橋の段は本硯箱をはじめ畠山記念館の八橋図団扇、大和文華館の扇面貼交手箱の八橋図、小西家文書の円形図案集、メトロポリタン美術館の八橋図屏風などにみることができる。また燕子花だけを描いたものに根津美術館の燕子花図屏風、大阪市立美術館の燕子花図、小西家文書の着彩と素描の画稿、MOA美術館の団扇がある。これは、人物を描かずに燕子花のみによって八橋を象徴させた留守模様と解されている。[註15]ところが、一方で光琳は『伊勢物語』の絵画化を意図したのではなく、単に燕子花を描きたかったとする見解も示されている。[註16]この時期、近衛家熙《このえいえひろ》の『花木真寫《かぼくしんしゃ》』や貝原益軒《かいばらえきけん》が宝永五年（一七〇八）に『大和本草』を著わすなど植物に対し科学的で写実的な眼が向けられはじめている。しかし、『伊勢物語』が広く普及していたこと、また謡曲《杜若》が杜若の精を主人公にしていることなどを勘案すると、能好きの光琳が『伊勢物語』を基層に置いていたことは否めないであろう。

さて、光琳が八橋を造形化する場合、小袖模様に見られるような寓意性の表出や『伊勢物語』の文学的内容を描写することにはあまり重きを置いていないようである。これは、当時の小袖模様が寓意性を強調するあまり主題の解明に少なからず中心を置いて、知的興味に偏り過ぎ美的表現に色褪せてしまったものがあるからであろう。また光琳の時代には、『伊勢物語』版本が広く普及し、嵯峨本以降の八橋の挿絵は定型化して広く人々に慣れ親しまれていた。そのため、光琳は物語の絵画化よりも、燕子花と橋とが織り成す華麗な意匠の考案に興味を示したものと思われる。八橋の硯箱においても、ほとんど真上から捉えた板橋に対してほぼ真横に近い燕子花が均衡し、五面の立体に優れた意匠感覚が展開し、八橋の段を燕子花

註10　『日本古典籍書誌学辞典』（岩波書店　平成十一年）の「伊勢物語の版本」項目（片桐洋一）によると、慶長十三年版嵯峨本から元禄期まで十数種の版本の刊行があり、刊年不明本も十種以上刊行されたとある。また片桐洋一「元禄時代の伊勢物語」（『上方の文化　元禄の文学と芸能』上方文庫六　大阪女子大学国文学研究室　和泉書院　昭和六十二年）には、元禄期の『伊勢物語』版本について十八種を紹介している。

註11　鉄心斎文庫の寛永六年版『伊勢物語』を手始めに正徳五年本『新板絵入伊勢物語大全』まで十八冊の版本を調査させて戴いたが、八橋の段は全てほぼ同じ図様の挿絵が掲載されており、ここから嵯峨本の図様はそのまま踏襲されていることが知られる。

註12　小寺三枝「小袖文様の発想法―寓意性について―」『お茶の水女子大学人文科学紀要』十七巻　昭和三十九年

註13　西本周子「燕子花考」『日本絵画史の研究』山根有三先生古稀記念会編　吉川弘文館　平成元年

註14　西本周子「雁金屋衣裳図案帳について」『美術史』第一一三号　昭和五十七年

註15　室町時代の意匠には、「さとり絵」や「留守文様」がある。例えば、『実隆公記』長享二年（一四八八）二月十五日条には「いさと」に関する歌絵が見られる。また幕府御用蒔絵師の幸阿彌家十二代長救が記した『幸阿彌家傳巻』には、「山きし楓蔦ふたち

と橋のみで美的造形を追求している。ここに中世の注釈書にみられる文学的な内容表現とは異なる光琳の『伊勢物語』享受の姿が窺われる。ところが、八橋の硯箱には、光琳自作と伝える銘文や資料が付属せず、また技術的に蒔絵師の参加が考慮されることから、光琳自作かどうかは実のところ未詳なのである。しかし、本硯箱の持つ優れた造形性には当代一流の意匠家の関与が窺われ、光琳を措いて他にその意匠家は考えられないのである。

八橋蒔絵硯箱　尾形光琳作　国宝　東京国立博物館蔵　Image:TNM Image Archives

内ひしりおひ銀ノほり物ナリ」とあり、蔦楓の茂る山道に聖笈を置いてあえて業平を描かずに蔦細道の段を暗示している。この作例に烏丸光広所持と伝える蔦細道蒔絵硯箱（出光美術館）をはじめ室町期の沈箱（東京国立博物館）、江戸期の文台硯箱（東京国立博物館、遠山記念館）に類品がある。

註16　註13掲出論文

樵夫蒔絵硯箱

光悦蒔絵の文学意匠

それでは、光悦と光琳の文学的享受の相違を、光悦作と伝えられる樵夫《きこり》蒔絵硯箱と比較してみたい。樵夫の硯箱は、蓋表に粗朶《そだ》を背負い山路を下る樵夫の姿を貝、鉛を用いて大きく表し、蓋裏から身の内側、さらに底にかけてなだらかな曲線で土坡を連続的に描き、そこに蕨《わらび》と蒲公英《たんぽぽ》を配して山路の小景としている。蓋の甲を高く山形に盛り上げた被蓋造《かぶせぶたづくり》が光悦蒔絵の特徴で、内部は左側に銅製長方形水滴と硯を嵌め込み、右側を筆置とし、右端に笄《こうがい》形に刳《く》った刀子入《とうすいれ》をつくる。

技法は、絵漆で文様を描き、乾かないうちに金粉を蒔きつけ、乾燥後に文様の部分だけ漆を塗って磨いた平蒔絵である。貝は、厚さ〇・五～〇・八ミリの鮑貝《あわびかい》を使用し、特に足先の貝には金蒔絵が施されていたが、現状は摩滅している。人物や粗朶は鉛板の金貝《かながい》で、東京文化財研究所に成分分析を依頼した結果、日本産の純鉛であった。

この箱書には、「頼政朝臣《よりまさあそん》　おりくたるつまきこるをに物申かの峯なる八雲かさくらか　青々其一筆」と『頼政集』の歌が記されている。樵夫は、中世において『古今和歌集』の聖典化に伴い、三十六歌仙の一人である大伴黒主像として捉えられている。『古今和歌集』仮名序に「大伴のくろぬしは、そのさまいやし。いはば、たきぎおへる山人の、花のかげにやすめるがごとし」とあり、黒主を桜花の下に休む樵夫に擬えている。鎌倉時代から室町時代にかけての『続千載《ぞくせんざい》和歌集』『新後拾遺《しんごしゅうい》和歌集』『風雅《ふうが》和歌集』には、積極的に樵夫を黒主像として取り入れた歌が多く現われてくる。やがて樵夫は、背負う柴に尾花（『玉葉《ぎょくよう》和歌集』）や躑躅《つつじ》（『風雅和歌集』）を挿した姿として詠まれるようになる。一條兼良《かねら》の『連珠合璧《れんじゆがつぺき》

樵夫蒔絵硯箱　伝本阿彌光悦作　重要文化財　MOA美術館蔵

集《しゅう》』には「山人とアラハ。（山に住人を云。又仙人をもいふ。）たき、おへる。（きるとも。）花の陰にやすらふ」とあり、樵夫は黒主像として確立していることが知られる。この樵夫と黒主の関係をさらに決定的にしたものが謡曲《志賀》であった。

謡曲《志賀》は、別名「大伴」「黒主」「志賀黒主」ともいわれ、作者は『能本作者註文』『二百十番謡目録』に世阿彌《ぜあみ》とある。その演能記録は、『言継卿記《ときつぐきょうき》』弘治二年二月十二日条に「黒主」とあるように、当時頻繁に上演された曲目であった。物語は、当今に仕える臣下が花見に志賀の山越えに行くと、そこで花の陰で休む樵夫と出会う。樵夫は、花の下に休む理由を「道の辺のたよりの桜折り添へて　薪や重き春の山人と」（『謡曲集』）と説明し、自分はかつて大伴黒主といわれたが、今はこの山の神であると述べて、和歌の徳を讃えて、神楽を舞い御代をたたえるという内容である。

この詞章に引用された和歌は、康正二年（一四五六）の『拾遺愚草《しゅういぐそう》抄出聞書《しょうしゅつききがき》』にみられ、また永正十一年（一五一四）の『雲玉《うんぎょく》和歌抄』には大伴黒主の歌として記されている。（註17）この歌は、謡曲《阿古屋松《あこやまつ》》や狂言《花盗人《はなぬすびと》》、仮名草子『竹齋《ちくさい》』にも引かれている。和歌の世界で著名歌を引用する本歌取りは当然のことだが、この歌のように一般の王朝古典にはみられないものが含まれているのは何故であろうか。

そこで注目されるのが、『扇の草子』諸本にこの歌が取り上げられていることである。『扇の草子』は、室町末期から江戸初期に制作、流布したと考えられ、内容は歌一首にその歌の内容を表す絵が付されている。

樵夫蒔絵硯箱　内部・蓋裏

これは絵を見て歌を、或いは和歌を通して主題である物語絵を推理する遊びの一種の種本ともいうべきものであった。ここに収録された歌は、王朝古典に典拠がある和歌と御伽草子、謡曲、狂言などにしか見出せない歌も収められており、後者は当時人口に膾炙《かいしゃ》していた伝承歌である。特に『扇の草子』には、謡曲に引用される和歌が二十六首、狂言に引かれるものが十四首あり、能・狂言の詞章に深い関わりを示している。(註18)

近世に入ると、能の爆発的な普及によって、謡曲の一部や『扇の草子』の歌が流行歌謡の如く広く庶民の間に歌われた。当時は意匠化された絵を見れば誰もがすぐに流行の歌を思い浮かべることができたのであろう。すると、樵夫蒔絵硯箱も室町時代の説話や御伽草子、謡曲などの文芸と深い関わりがあり、ここに光琳蒔絵とは異なる文学の享受の姿が窺える。このように光悦蒔絵が中世の系譜に連なることは、蜂須《はちす》賀《か》家伝来の子《ね》の日《ひ》蒔絵棚、舞楽《ぶがく》蒔絵硯箱（東京国立博物館）、扇面鳥兜《せんめんとりかぶと》蒔絵料紙箱（滴翠美術館）が同家で東山時代の作としていたことは傍証となるように思える。

光琳と光悦の蒔絵硯箱の代表作を取り上げ、それらの背景にある文学の享受のあり方を比較してみた。樵夫蒔絵硯箱は、謡曲《志賀》や『扇の草子』など中世末の文芸世界を基層に置いており、図様を見れば謡曲や『扇の草子』の詞章や和歌を思い浮かべることのできる公卿《くぎょう》や上層町衆などの高い教養を身に付けた受容者層があった。

八橋は、中世伊勢物語注釈書で「くもで」と捉えられていたのが、近世に嵯峨本の登場によって、八橋の図様は定型化し、燕子花と橋だけでも八橋として人々に理解されていた。光琳は、江戸時代の文芸世界を背景にして、八橋の造形を燕子花と橋だけを用いて斬新な意匠の考案に努めたものと思われ、ここに光琳と光悦の文学の享受の相違が窺われるのである。

註17　西村聡「作品研究　志賀」『観世』昭和六十三年一月号

註18　赤瀬信吾「扇と和歌と」『國語と國文學』昭和六十三年五月号

光悦・光琳蒔絵像の形成

光悦・光琳蒔絵における文学享受のあり方を考察したので、次にその概念が、どのように形成されてきたかを明らかにすることにより、両者の相違が一層明確になると考えられる。これには、江戸時代からの光悦光琳蒔絵の評価と位置付けを検証することが有効であろう。

光悦が蒔絵に関与したことは、『本阿彌行状記』二二一段に「今世に光悦様と唱へ候は、祖父貴布禰へ參詣の節、奥院の所々に有之候きふね紅葉とり歸、繪にも御認め、蒔繪にも被成候。とかく何事にも自然と風流の御生質也」とあること、蒔絵師宛や蒔絵制作に関する光悦自筆書状、冒頭に述べた諸史料に散見されるから間違いなかろう。しかし、江戸時代における光悦像は、むしろ能書家であった。寛永七年（一六三〇）林羅山著『鷹峯記』に「尤善能書」、天和二年（一六八二）佐野紹益著『にぎはひ草』に「大虚庵光悦といへる者　能書たりし事は普《あまねく》世にしるし」とあり、能書家としての評価が高い。前出『本阿彌行状記』四七段には、板倉周防守重宗が「光悦様」の手沢であったと伝え、正保二年（一六四五）跋文『本朝名公墨寶』に光悦の書が書法の規範として採り上げられている。延宝三年（一六七五）刊『光流四墨』には本阿彌光悦、尾形宗柏、秋葉工庵、角倉素庵の書流を伝え、元禄七年（一六九四）刊『萬寶全書』巻五「本朝古今名公古筆諸流」には、「光悦流」の能書として光悦を含めて十七人の書家を挙げている。享保二十年（一七三五）刊細井知慎著『觀鵞百譚』、明和六年（一七六九）『諸家人物志』なども光悦を「能書」として伝え、江戸時代には「光悦流」の書が興隆し、光悦は能書家として知られていた。[註19]

ところが、光琳についてみると、元禄十二年（一六九九）刊『好色文傳授』巻五に「白繻子いよいよ墨繪の松　光琳にかかせ申候」とあり、光琳は早くから人気作家として知られ、光琳直筆の小袖は女性達にとって憧憬の的であったようだ。光琳在世中の正徳二年（一七一二）刊『新板風流雛形大成』には、「か

註19　小松茂美『日本書流全史（上）』講談社　昭和四十五年

うりんの梅」と光琳名を冠した模様が登場し、彼の歿後の宝暦年間頃まで光琳模様の雛形本が刊行され続けた。光琳模様が小袖に止まらず広く工芸意匠となったのは、享保六年（一七二一）刊『當世雛形艶筆八重葎』の跋文に光琳風の意匠が畳紙、扇画、軽筆の絵本にも応用できるとあることからもわかる。また享保十八年菊岡沾涼編『本朝世事談綺』には、光琳が衣類や器物の意匠家として知られていたと記し、野々村忠兵衛が享保二十年に著した『光琳繪本道知辺』の序文は扇子、団扇、風呂敷、焼物などから光琳風の模様を収録したと記している。長崎巌氏は、光琳模様が光琳と関わりのない呉服商や出版業者によって作り出されたと指摘しており、[註20]こうした光琳模様の需要と人気は、取りも直さず光琳の絵画表現を模した光琳模様が幅広い階層に理解され受容されていたことを示している。

では、光琳模様の蒔絵についてみると、宝永二年（一七〇五）刊井上新七著『蒔繪為井童草』に光琳風の蒔絵図案が紹介され、前出『蒔繪大全』には光琳風の図様を掲載し、その傍らに「光琳　黒塗　波やすりこと書出し」「ほうつき流しに光琳水粉葉かなかい」「金銀かな貝光琳流」と光琳模様の特徴を記している。延享三年（一七四六）『古今茶人華押藪』には、光琳が「青々堂」と号し、「模金之花様亦超旴時流」と漆器意匠に新味を出したと紹介する。前出『装剣奇賞』は、光琳の印籠が「青貝かながひにて形を模し、地を粉にてうづみ内も梨地を用ひず。やはり金粉濃なり。銘ハ蓋のうらに錐の尖にて引たるごとく細々と其名をしるす」とあり、光琳蒔絵の特色が具体的に記されている。江戸中後期には、こうした光琳風の印籠が流行し流通していたようで、蒔絵師としての光琳像は既に形成されていたのである。

光琳百年忌に当たる文化十二年（一八一五）に酒井抱一が法要、遺墨展、『尾形流略印譜』の刊行など、「尾形流」の概念形成と光琳顕彰を進めると、これを契機に光琳人気が再燃し、その後の研究に多大な影響を与えた。抱一やその弟子達による『光琳百圖』『光琳百圖後編』『光琳新撰百圖』『尾形流百圖』などの出版、これに便乗した出版業者が『光琳漫畫』『光琳道知辺』『光琳画式』を刊行した。文化文政期における光琳人気は、谷文晁の『文晁畫談』に「今に至りては光琳に鑑すれば持主悦び、宗達なりと申せば持主不満の気色顕はる」とあるように、光琳が宗達を凌駕するものであった。

註20　長崎巖「光琳模様の流行と背景」『光琳デザイン』淡交社　平成十七年

明治維新後、近代国家樹立を目指した国家的事業としての美術史が構築され、また殖産興業の一環として国内外の博覧会政策が積極的に推し進められた。一八七八年のパリ万国博覧会のために準備された明治十年刊黒川真頼著『工藝志料』は、「工藝」概念による諸職を統合したところに特徴がみられるが、ここでは光悦を「最も蒔画を作る妙手なり。其の製たるや、鉛、錫、青貝等を以って蒔画中に嵌す」と江戸時代史料の文脈の中で捉えている。ロンドンやパリの万国博覧会を契機にジャポニスムが高まりをみせると、光琳の絵画や工芸意匠は西欧で注目を集めはじめた。近代の光琳像の形成に関する玉蟲敏子氏の論考によると、光琳はフランスの美術評論家ルイ・ゴンスや美術商ビングらによって、装飾芸術家として高く評価された。西欧におけるその評価が日本に逆輸入されて、政府系アカデミズムにおける美術史の枠組みの中で光琳が高く位置付けられた。(註21) 明治十五年フェノロサの「美術真説」を端緒に、岡倉天心の東京美術学校での講義録「日本美術史」（明治二十三年～二十六年）、一九〇〇年パリ万国博覧会に準備され翌年に日本語版として刊行された『稿本日本帝国美術略史』、明治三十六年から三年間をかけて日本語と英語で刊行された『光琳派畫集』、明治四十年の大村西崖編『東洋美術大觀』を経て、光琳は世界に誇る日本画家の象徴として位置付けられた。

明治期における光琳評価の高まりと共に、光悦は次第に注目されはじめる。その嚆矢は、幕末の狩野派の絵師であった朝岡興禎《あさおかただおき》が、嘉永四年（一八五一）に起筆し明治三十七年に刊行された『古畫備考』である。本阿彌光悦は「宗達光琳の祖とするところなり」で、光琳に先立つ存在として「光悦流」と位置付けた。岡倉天心は、前出「日本美術史」において早くも光悦に注目し評価しはじめる。明治二十三年第三回内国勧業博覧会に併設された美術展覧会では、子《ね》の日《ひ》蒔絵棚、忍草蒔絵硯箱（両者共、現・東京国立博物館）が光悦作として出品された。やがて光悦の蒔絵作品が美術史上で取り上げられる。明治二十九年『國華』八十二号の「住江圖硯箱」（88頁）、同三十年『國華』九十一号に古筆了任の「光悦忍草蒔繪硯箱」が掲出された。前出『稿本日本帝國美術略史』では、「光悦蒔繪」の言葉が初めて現れ、忍草蒔繪硯箱を光悦の代表作とし、住江蒔絵硯箱（88頁）、桜狩蒔絵硯箱（96頁）は光琳が光悦を模したもので、光悦を光

註21 玉蟲敏子『生きつづける光琳 イメージと言説をはこぶ《乗り物》とその軌跡』吉川弘文館 平成十六年

琳の始祖に置く記述である。『光琳派畫集』では、「光琳蒔繪」の語が初めて現れ、その作例として野宮蒔絵硯箱（現・石川県立美術館）、八橋蒔絵硯箱、住江蒔絵硯箱、扇面業平蒔絵硯箱（現・根津美術館）を紹介し、特に住江蒔絵硯箱は「鷹峯住物光悦造以冩之　法橋光琳」の款記を記して、『國華』八十二号で光悦であった作品が、これ以降は光琳作としての評価が定まる。やがて『東洋美術大觀』、明治四十三年日英博覧会を通して光琳の世界的な評価が高まりをみせる中で、明治四十二年に『光悦派畫集』が國華社より刊行された。翌四十三年、岡倉天心は『泰東巧藝史』で「光琳は光悦を凌駕するものに非ず」と評し、「西洋のアール・ヌーボーは蓋し之れ（光悦）に胚胎す」と、光悦を光琳の上位に評価している。

大正四年（一九一五）は光琳二百年忌に当たる。三越百貨店の主導のもと追善法要、記念展覧会、講演会などが開催され、光琳人気は最高潮に達した。福井利吉郎氏は近代美術史学を基礎に「光琳考」（『芸文』六巻六～八号）を発表し、光琳子息寿市郎《じゅいちろう》の養子先である小西家に伝来した「小西家伝来尾形光琳関係資料」の綿密な調査による文献的な実証により、光悦の血脈を受け継いだ光琳は京都の環境に育てられた「天才画家」という光琳像を生み出した。

この二年前の大正二年、京都において光悦会が発足し、同五年に同会から森田清之助編『光悦』（芸艸堂）が刊行された。光悦は、「純日本美術の創始者」であり、「絵画にとどまらず、書、蒔絵、製陶、彫刻」に天与の才の発露したレオナルド・ダ・ヴィンチに伍する大芸術家として打ち出されている。福井利吉郎氏の「光琳考」を踏まえたものであろう。光悦蒔絵については、光悦の意匠によるもの、光悦の自画図案によるもの、光悦自身が漆筆を振るったものとして、江戸時代史料にはみられない新しい分類概念を示した。特に注目されるのは、岸光景の「子の日の棚及嚴島經巻について」の一文である。(註22)

> 此棚昔より單に子の日の棚とのみ呼びて、其何人の作なるか判明せられざりしに、故小川松民氏蜂須賀侯爵の問訊の遇ふて大に考慮する所あり、一日來りて之を予に諮る、予其必然光悦の作品なるべきを答ふるや氏覺えず掌を拊て予の説を賛し唱和相傳へて遂に世人の首肯を得るに至れり

註22　灰野昭郎「本法寺『宝相華螺鈿法華経経箱』―光悦・光琳蒔絵研究の諸問題（Ⅰ）」『学叢』第十一号　平成元年

子の日蒔絵棚の作者について、小川松民が蜂須賀侯爵より問われて岸光景に相談したところ、光景が光悦作に帰すべきであろうと答え、その後この説を二人で提唱して世人が認めるに至ったという。松民は明治二十四年に歿しているので、これはそれ以前の話である。すると、子の日蒔絵棚並びに扇面鳥兜螺鈿蒔絵料紙箱、舞楽螺鈿蒔絵硯箱が蜂須賀家で収蔵されていた江戸時代までは、東山時代の作として扱われていた。(註23)つまり、明治初年までは、これら三作品は光悦蒔絵として理解されていなかったのである。さらに岸光景は光悦蒔絵に止まらず、厳島神社の平家納経についても補修者を光悦とする自説を述べる。(註24)こうした光景による一連の光悦説の提唱は、光悦蒔絵の範囲を拡大解釈し、光悦像の伝承化をもたらす結果となった。

大正末年から昭和初年、福井利吉郎氏、相見香雨氏によって尾形家や光琳の実証的な研究が進展する中で、昭和七年、岡倉天心に師事し後に東京芸術大学教授となった六角紫水は、『東洋漆工史』(雄山閣)で「レオナルドダビンチ、ミケランゼロに比して見ると可驚程相似たるものがある」との光悦像を示した。また岸光景所持の山月蒔絵経箱(所在不明)、忍草蒔絵硯箱、子の日蒔絵棚、左義長蒔絵硯箱、舟橋蒔絵硯箱、秋草蒔絵謡本簞笥が、「光悦蒔繪」であると当然のごとく受け止められ、特に子の日蒔絵棚は「光悦棚として有名」であると記している。ここには、光悦蒔絵の定説化がみられるのである。

戦後、琳派研究は飛躍的に進展する。昭和二十年に正木篤三氏は『本阿弥行状記と光悦』(大雅堂)を刊行して光悦の基礎資料を公開し、昭和二十六年に東京国立博物館で開催された「宗達光琳派特別展」は、戦後初の大企画展であった。本展観に合わせて企画・刊行された東京国立博物館研究紀要『MUSEUM』第一号は「宗達光琳派特集」であった。岡田譲氏は「近世工芸における装飾性—高台寺蒔絵と光悦蒔絵の場合—」と題する論考をここで発表し、舟橋蒔絵硯箱、忍草蒔絵硯箱に加えて、左義長蒔絵硯箱、葦舟蒔絵硯箱を「亜流作家のもの」としながらもそこに光悦の個性を見出している。昭和三十九年、林屋辰三郎編『光悦』は、歴史学、書跡、陶磁、漆工の各専門家が参加した本格的な研究書で、現今に至る光悦像が形成されたことで特筆される。岡田譲氏は「光悦の蒔絵」において、光悦蒔絵の特色を意匠の題材が古典

註23 大橋俊雄「子日蒔絵棚・扇面鳥兜螺鈿蒔絵料紙箱・舞楽螺鈿蒔絵硯箱の再検討」『漆工史』二二号 平成十一年

註24 玉蟲敏子「江戸の古画趣味と日本の美術史学」『講座日本美術史 美術を支えるもの』第六巻 東京大学出版会 平成十七年

文学に基づき、加飾材料の用い方に優れていること、また制作にあってはアート・ディレクター的な立場を強調した。また技法上の共通点と京都本法寺教行院過去帳から五十嵐蒔絵との関連を想定した。また作例に関しては「直接光悦の息がかかっていないかもしれぬ」、「光悦風のものを別人が製作」した可能性を前提に十三点の作品を紹介した。これが現今に至る光悦蒔絵の枠組みを形成しているのである。

一方、光琳研究は、昭和九年に「小西家文書」が同家を出たのを契機に、田中喜作氏は『美術研究』(註25)にその一部を公刊、同三十七年に山根有三氏が『小西家旧蔵　光琳関係資料とその研究　資料』（中央公論美術出版）を公刊した。昭和五十四、五十五年『琳派絵画全集』（日本経済新聞社）によって琳派研究は大きく進展した。光琳蒔絵に関しては、平成元年『國華』一一二三号に発表された山根有三氏の「光琳蒔絵二題」と同二年『國華』一一三六号「光琳晩年の蒔絵について」が特筆される。山根氏は、永年にわたる光琳画研究の知見から、光琳と弟乾山の箱書のある作例五点を基準作として設定し、それに自筆書状の付属する水葵蒔絵螺鈿硯箱（92頁）を追加して、光琳の蒔絵への関与のあり方とその制作年代について考察した。現在これらの作例が、光琳蒔絵の基準として看做されている傾向にある。

光悦・光琳蒔絵の史料を概観すると、江戸時代に能書家として知られた光悦が、明治初期における光琳評価の高まりと共にその始祖として注目され、岸光景によって光悦蒔絵が拡大解釈されはじめた。昭和初年、六角紫水の前出『東洋漆工史』では、光悦蒔絵が定説化した姿がみられ、戦後、岡田譲氏の論考によって今日にみる光悦蒔絵像が形成されたのである。こうしてみると、光悦蒔絵という概念が生まれたのは明治期のことだが、これに対して光琳蒔絵は既に江戸時代に形成されていたのである。こうした光悦光琳蒔絵像が生まれる背景の差異は、両者の実像を知る上で極めて重要な視点であろう。

註25　田中喜作「小西家旧蔵光琳関係資料」上・中・下の一、下の二、『美術研究』五六、五七、五九、六〇号　平成十一年

第二章　名品の鑑賞

洲浜鵜螺鈿硯箱《すはまうらでんすずりばこ》

平安時代　重要文化財
縦二七・二　横二七・三　高五・八
個人蔵

洲浜形の中に一羽の鵜を大きく描いて、その周辺に千鳥の群れを配している。洲浜形や洲浜台は、平安時代の慶賀の式や歌合せなどの折に盛んに用いられたもので、類似の意匠をもつ作例に山形県羽黒山の御手洗池から出土した洲浜双鳥鏡（東京国立博物館）がある。技法は、黒漆地に夜光貝を埋めて、貝の上の

洲浜鵜螺鈿硯箱　蓋表　　洲浜の波は西本願寺本三十六人家集や平家納経の料紙にみられる平家波の文様

漆を剥出《はぎだ》す螺鈿法《らでんほう》で、細かく切り透かされた波文様には高い技術が窺われる。

形状は入隅形《いりずみがた》の被蓋造《かぶせぶたづくり》で、蓋甲が豊かに盛り上がり、側面にも程よい張りをみせている。この形式は遺品が少なく、室町時代の我宿蒔絵硯箱（36頁）と花白河蒔絵硯箱（38頁）くらいで、この他は『類聚雑要抄《るいじゅうざつようしょう》』に同形式の「唐匣」が図示されている。内部は、中央に水滴《すいてき》と硯を納める下水板《げすいいた》を置き、左右に懸子《かけご》を納める二枚懸子形式とし、身の底裏に低い四足を付ける。伝世品の硯箱では最古の作例で貴重である。

姿

内部

籬菊蒔絵螺鈿硯箱　蓋表　　金の沃懸地と螺鈿の輝きに鎌倉時代の好尚がみられる

●まがきくまきえらでんすずりばこ

籬菊蒔絵螺鈿硯箱

鎌倉時代　国宝
縦二五・八　横二三・九　高五・五
鶴岡八幡宮蔵

鎌倉時代唯一の作例で、社伝によれば、後白河法皇から源頼朝が拝領し、それを鶴岡八幡宮に奉納したという。わずかに甲盛と胴張のある被蓋造で、蓋表は金の沃懸地《いかけじ》として、夜光貝で籬の中に乱れ咲く一叢の菊とその周囲に遊ぶ小鳥、土坡、下草を描く。蓋裏は、黒漆塗の梨地《なしじ》に籬に菊、飛鳥を簡潔な金の研《とぎ》出蒔絵《だしまきえ》で表す。この意匠は、陶淵明《とうえんめい》の「飲酒」から「菊を採る東籬の下　悠然として南山を見る」の詩の一説を絵画化したとする説がある。また、最近の『扇の草子』研究では、根津美術館の扇面歌意画巻に類似した扇絵がみられ、その傍らに『拾遺和歌集』清原元輔《きよはらのもとすけ》の歌「わがやどの菊の白露けふごとにいく世

内部

つもりて淵となるらん」が添えられているため、伝統的な図様となったことが窺える。内部は、中央の下水板に銀製鍍金《ときん》水滴と硯を嵌め、左右に懸子を納めた二枚懸子形式で、銀製の筆二本、錐、刀子《とうす》、墨挟《すみばさみ》が付属する。

この硯箱は、「政子の手箱」と共に一具であったが、手箱は明治六年（一八七三）ウィーン万国博覧会に出品された帰途に静岡県伊豆沖で積載船ニール号と共に沈没した。現在、硯箱に付属する鋏、毛抜、眉作《まゆづくり》、鬢掻《びんかき》は、政子の手箱の内容品といわれている。

春日山蒔絵硯箱《かすがやままきえすずりばこ》

室町時代　重要文化財
縦二三・九　横二二・一　高四・八
根津美術館蔵

足利義政遺愛の「五面之硯」の一つとして著名な硯箱である。蓋表は、満月に照らされた秋草の中に鹿三頭を描き、蓋裏に人里離れた茅屋の中で鹿の声を聞く人物、遠く山上で鳴く鹿を表している。葦手《あしで》風の歌文字が、女郎花の叢に「け」、猿捕茨《さるとりいばら》の蔓に「れ」、蓋裏の茅屋の秋草の中に「は」、垣根の横の草叢に「ことに」を巧みに隠し、『古今和歌集』壬生忠岑《みぶのただみね》の歌「山里は秋こそことにわびしけれ鹿の鳴く音に目をさましつつ」を表したところから、別名「山里」とも称される。もの侘しい文学的情趣を醸し出すことに成功した意匠である。

形状は方形、面取《めんとり》の被蓋造で、身には中央

春日山蒔絵硯箱　蓋表　　図中の隠し文字は、和歌を探り当てる遊びの意匠

に銅製笠形水滴と硯を嵌めた下水板を置き、左右に大小の懸子二枚を納める。技法は、総体黒漆塗として密な梨地に仕立て、研出蒔絵に高蒔絵、月は銀金貝《かながい》で、所々に金銀の切金《きりかね》を交えて、細部は描割《かきわり》、針描《はりがき》を用いている。

歌絵は、文学と絵画を結んで隆盛した平安時代からの伝統で、歌文字と図様から和歌を導き出す謎解きの面白さが加わり、東山時代の蒔絵意匠の特色となっている。

蓋裏

内部

男山蒔絵硯箱《おとこやままきえすずりばこ》

室町時代　重要文化財
縦二二・三　横二一・一　高四・八
東京国立博物館蔵

山の端に月が昇り、近景に女郎花、菊、桔梗など秋草を描き、蓋裏には殿舎と一匹の狐を中心に、前景に流水と岩、橘を描く。蓋表の図中には「なを・代々に・男」の文字を、蓋裏には「仰・より」、懸子に「出る・かけ」の文字を配して、『続後撰和歌集』後久我太政大臣の歌「なほてらせ世々にかはらず男山仰ぐ峯より出る月かげ」を表す。男山、石清《いわし》水八幡宮《みずはちまんぐう》、放生川《ほうじようがわ》を描くが、蓋裏の狐は男山の麓に祀られた合槌稲荷《あいづちいなり》である。ここには、歌絵を基調としながらも三条小鍛冶伝説を寓意し、さらに男山にまつわる『古今和歌集』仮名序を本説とする小野頼風伝説（男塚女塚伝説）をも享受する。

形状は方形、面取の被蓋造で、内部は中央に金銅製水滴と硯を嵌め、左右に懸子を納める二枚懸子形式である。総体に濃密な梨地とし、肉合《ししあい》研出蒔絵と高蒔絵に切金、金貝を配し、細部付描《つけがき》、描割、針描が駆使されている。

男山蒔絵硯箱　蓋表

蓋裏　蓋表の男山は歌絵を暗示し、蓋裏の狐は合槌稲荷を寓意する

姿

内部

34〜35頁　男山蒔絵硯箱　Image:TNM Image Archives

●わがやどまきえすずりばこ

我宿蒔絵硯箱

室町時代　重要文化財
縦二三・五　横二二・五
高五・三
彦根城博物館蔵

我宿蒔絵硯箱　内部・蓋表

彦根藩主井伊直孝（一五九〇〜一六五九）が二代将軍徳川秀忠から拝領し、同家に伝来した。箱の四隅を入隅に仕立て、蓋の肩に塵《ちり》居《い》を設け、蓋甲は緩やかに盛り上げた被蓋造で、胴にも膨らみをもたせた大形の硯箱である。内部は、中央に下水板を置いて銅製水滴と硯を嵌め、その左右に手掛けを刳《く》った蓋を置いた珍しい形状である。総体に黒漆塗として梨地を作り、籬に菊、岩、流水、鴛鴦を金の平蒔絵で描いている。岩には、「我・乃」の歌文字を葦手風に隠して、『古今和歌集』紀友則の歌「我宿の菊の垣根におく霜のきえかへりてぞ恋しかりける」を表したものと推測される。『扇の草子』との関連から、『拾遺和歌集』清原元輔の歌「わがやどの菊の白露けふごとにいく世つもりて淵となるらん」とみる説もある。

蓋表　籬に菊の意匠には閑雅な室町蒔絵の特色がみられる

●はなのしらかわまきえすずりばこ

花白河蒔絵硯箱

室町時代　重要文化財
縦二二・七　横二〇・九　高四・五
根津美術館蔵

　満開の桜の下にたたずむ烏帽子に狩衣《かりぎぬ》姿の公達、その周囲に散る花びら、雲、岩などを表している。桜の樹幹と岩には「花・白・河」の文字が描き込まれ、『新古今和歌集』藤原雅経《まさつね》の歌「馴れ馴れて見しはなごりの春ぞともなどしらかはの花の下陰」を意匠したものである。『扇の草子』にこの図様と類似する扇絵があり、その傍らに「吉野山はるのふぶきをわたるにはくくりもとかず足もぬらさす」の歌が掲載されている。この和歌が『今物語』第十七話にも掲載されているところから、中世の説話との関連も指摘されている。

　形状は四隅を入隅にした被蓋造で、胴張があり塵居を設ける。内部は、中央に金銅製提

花白河蒔絵硯箱　蓋表　「花・白・河」の歌文字で、京都白川最勝寺の桜を詠んだ和歌を暗示させる

手付水滴と入隅形硯を嵌めるが、左右の懸子は欠失している。技法は、総体に黒漆塗とし、金の研出蒔絵のみで表すが、金粉の蒔き方を変え、絵梨地風や蒔暈《まきぼか》しを加えて微妙な変化を凝らし、単調さを補う工夫が施されている。足利義政の遺愛の品といわれ、後に松花堂《しょうかどう》昭乗《しょうじょう》の所有となり「八幡名物《やわためいぶつ》」に数えられた。

蓋裏

内部

千歳蒔絵硯箱　蓋表　　慶賀の五文字を銀平文で大きく目立つように表した歌絵の意匠

●ちとせまきえすずりばこ

千歳蒔絵硯箱

室町時代
縦二二・七　横二〇・九　高四・二
藤田美術館蔵

蓋表に舎殿とその庭に植えられた梅樹、網《あ》代垣《じろがき》を大きく表し、その周りに飛翔する鶯二羽を描いている。梅樹には「君賀」、岩に「千と・世」の歌文字を大きく表している。ここから、『古今和歌集』紀貫之の歌「春くればやどにまづさく梅花君がちとせのかさしとぞ見る」を表していることがわかる。ここでは春日山蒔絵硯箱にみられたような文字を図様の中に巧みに隠す意図はみられず、むしろ文字自体が装飾性を発揮している。この詠歌が本康《もとやす》親王七十賀の後ろの屏風に寄せられた和歌であるため、慶賀の意を表すよう目立つように配されたものであろう。蓋裏及び身の内側には、梅花と花弁が巧みに散らされて

内部

いる。

形状は方形、面取の被蓋造で、口縁《こうえん》に錫の置口《おきぐち》を廻らす。内部は、中央の下水板に金銅製円形水滴と硯を嵌め、左右に懸子を配し、筆、刀子、墨が付属する。技法は、蓋表を黒漆地に梨地を蒔いて、殿舎や梅樹、土坡を金研出蒔絵に描割、鷺は高蒔絵、歌文字と梅花を銀金貝で表す。内部は、金の沃懸地に仕立てて梅花に銀金貝を用いている。

桜山鵲蒔絵硯箱　姿　　桜に山鵲は中国宋元の院体画の花鳥図の影響であろう

●さくらさんじゃくまきえすずりばこ

桜山鵲蒔絵硯箱

室町時代　重要文化財
縦二一・八　横二〇・九　高四・二
個人蔵

幸阿彌《こうあみ》家は初代道長が足利義政に近習し、二代道清も義政に仕えて本格的な蒔絵師として活躍したと伝承される。この硯箱には、幸阿彌家十二代長救《ちょうきゅう》と同十三代正峯の「第四世幸阿彌伊豆入道法橋宗伯作」と極書があり、幸阿彌家五代宗伯の作と極められている。室町時代の確証ある幸阿彌蒔絵が乏しい中で、その作風を示す貴重な作品である。

蓋表に桜の枝に止まる山鵲を描き、蓋裏は若松に梅枝、上端に半月を表している。山鵲は、中国原産の三光鳥とも呼ばれる尾の長く美しい鳥である。宋元の院体画を思わせる花鳥画で、当時舶載された唐絵の影響が指摘されている。ここには、当時流行した文学的要素を含まず、桃山時代の視覚的な意匠の出現

蓋裏

を予告する。

形状は方形、面取の被蓋造で、口縁には錫の置口を廻らす。内部は、左側に円形銅製水滴と硯を下水板に嵌め、右に懸子を納めた一枚懸子形式である。技法は総体黒漆塗とし、山鵲や桜は薄肉の高蒔絵で、桜花や鳥の尾先の一部に螺鈿を埋め、鳥の胸や枝に錫の切金を置いている。蓋裏、身の見込みも同技で、若松には棒状の螺鈿を、月には錫の金貝を用いている。

●つたのほそみちまきえすずりばこ

蔦細道蒔絵硯箱

室町時代　重要美術品
縦二一・一　横一九・二　高三・六
畠山記念館蔵

『伊勢物語』東下りの段は、在原業平に仮託される昔男が我が身を無用と思って東国に旅する。その途次の三河国八橋と駿河国宇津山、富士山、武蔵国隅田川が主要な場面として絵画化されまた工芸意匠ともなった。

蓋表に蔦、楓が生い茂る山道を描き、蓋裏には同じ山道を描いて結び文を載せた銀製の笈《おい》を嵌める。内部に銀製の結び文形水滴を配して、『伊勢物語』宇津山の段を暗示させる。これは、主人公をあえて描かず、結び文、笈からその存在を暗示させたものである。工芸意匠にしばしば見られる手法で、留守文様と呼ばれている。

形状は方形の被蓋造で、蓋表周縁に銀線を二重に埋め、口縁に銀覆輪を廻らす。内部は、銀製結文形水滴と硯を置き、硯の左右に桟を

蔦細道蒔絵硯箱　姿

伸ばす筆架形式で、墨挟と刀子を納める。技法は、総体に詰梨地に金高蒔絵で表す。高蒔絵の後に梨地を蒔く手法や高蒔絵が銀を吹いているところなどは室町時代の技法的な特徴を示すが、厚い銀金貝や直角に立ち上がる高蒔絵などには江戸時代的な技法も表れている。

内部

蓋裏　蔦、笈、結び文で『伊勢物語』宇津山の段を連想させる留守文様

●きぬたまきえすずりばこ

砧蒔絵硯箱

室町時代
縦二四・九　横二三・一　高五・三
東京国立博物館蔵

天空に満月を配し、桔梗、女郎花、撫子、龍胆、薄《すすき》などの秋草の中に枕を大きく描いて、秋草と岩に「し・ら・れ・ぬ・る」の文字を隠している。蓋裏は、茅屋の中で衣を打つ人物、前景には秋草に兎二匹を配している。この図様と歌文字から『千載《せんざい》和歌集』俊盛法師の歌「衣うつ音をきくにぞ志られぬる里遠からぬ草まくらとは」を表したものである。

秋の夜に打たれる砧の音は、詩的で文学的なイメージを持つため、詩文や和歌に歌われてきた。『漢書』蘇武《そぶ》伝の故事は、『和漢朗詠集』やその注釈書、『平家物語』巻二に収められ、これを本説に成立したのが謡曲《砧》である。『閑吟集《かんぎんしゅう》』には、「君いかなれば旅枕夜寒の衣うつつとも夢ともせめてなど　思ひ知らずや恨めし」の小歌を収めるから、当時流行の歌謡をも基層に置くことは間違いなかろう。

形状は方形、面取の被蓋造で、内部は銅製楕円形水滴と硯を納め、硯を中心に左右に桟を伸ばした枠下水板とする。総体黒漆塗とし梨地を蒔いて、金の薄肉高蒔絵と金銀の切金で図様を表している。

砧蒔絵硯箱　蓋表

蓋裏　枕や衣を打つ人物は、和歌に止まらず『漢書』蘇武伝の故事を連想させる

姿

46〜47頁　砧蒔絵硯箱　Image:TNM Image Archives

内部

小倉山蒔絵硯箱　蓋表

漆黒の空間と山々で「小暗し」の意を掛けた小倉山の景

蓋裏・内部

●おぐらやまきえすずりばこ

小倉山蒔絵硯箱

室町時代　重要文化財
縦二五・五　横二二・八　高四・二
サントリー美術館蔵

黒漆の空間を上部に大きくとり、山並に岩、その麓に屋舎、霧を表して秋深い気色の小倉山の景を、蓋裏には上部に住吉神社の社頭、下半分に住吉の浜を表す。内部の懸子及び枠下水板には遠山に楓葉と筏流《いかだなが》しを表す。この図様には、歌文字が全く配されていないが、『古今和歌集』紀貫之の歌「夕づく夜小倉の山に鳴く鹿の声のうちにや秋は暮るらむ」といったような「小暗し」という意を掛けて詠われる小倉山の景を表したものである。また蓋裏は、『古今和歌集』凡河内《おおしこうちの》躬恒《みつね》の歌「すみのえの松を秋風吹くからに声うちそふる沖つ白波」と詠まれた名所歌枕を意匠化したものである。

形状は方形、面取の合口造で、口縁には錫の置口を廻らす。内部は、中央に水滴と硯を置き、左に懸子一枚を納め、右に桟を伸ばして筆架としたもので、室町時代の作例には見当たらない形式である。技法は総体黒漆塗で、高蒔絵や研出蒔絵さらにはそれらを交えた肉合研出蒔絵に金銀の切金、大小の金粉を蒔き分けるなど複雑な技巧が施されている。

●すみよしまきえすずりばこ

住吉蒔絵硯箱

室町時代
縦二二・一　横一八・六　高三・八
石川県立美術館蔵

蓋表に水辺に立つ鳥居と、その周辺に松、塀、蛙、水中には岩、貝などを配し、全体で住吉社頭の風景を表している。近年の国文学研究では、この図様が『古今和歌集』仮名序の「花になく鶯、水にすむ蛙の声を聞けば、生きとし生けるもの、いづれか歌をよまざりける」の中世古今集注釈を本説とする説話を表したものと指摘する。室町時代の『古今和歌集』は、その注釈に基づく説話と一体化して享受されていた。「水にすむ蛙」は御伽草子や諸説話に引かれ、また謡曲《白楽天《はくらくてん》》に

住吉蒔絵硯箱　蓋表　　蛙は中世古今集注釈書にみられる「水にすむ蛙」

影響を与え、謡曲《蛙》をも成立せしめたという。この硯箱の意匠は説話や御伽草子、謡曲などの中世の文学をも享受する。

形状は方形、面取の浅い被蓋造《かぶせぶたづくり》で、内部は左側に銅製楓形水滴と硯を嵌め、右側に懸子《かけご》を一枚納めている。技法は総体黒漆塗で、松、岩、貝は高蒔絵、蛙は銀の高蒔絵、塀や蓋裏は研出《とぎだし》蒔絵、波は付描《つけがき》で、閑雅な作風でありながら様々な材料が使われている。

内部

塩山蒔絵硯箱　蓋表

●しおのやままきえすずりばこ

塩山蒔絵硯箱

室町時代　重要文化財
縦二五・六　横二三・七　高五・二
京都国立博物館蔵

洲浜に点在する奇岩、波に群れ飛ぶ千鳥を蓋の表裏に描き、内部は一面にうねる波を表す。蓋表の奇岩には「志・本・能・山・散・新・亭」の文字を散らし、蓋側面には「八・千・代・登・曽」を、蓋裏にも岩中に「君・加・見・代・遠・盤」の文字を配している。『古今和歌集』読人しらずの歌「しほの山さしでのいそにすむ千鳥きみがみよをばやちよとぞなく」を表したもので、歌枕で有名な甲斐国、或いは能登国の塩山を意匠化したものである。『幸阿彌家傳書』初代道長伝には「此作大方能阿彌相阿彌土佐光信下繪ヲ用ル土佐下繪之道具ハ大方高蒔繪能阿彌相阿彌下繪之道具大方研出シ蒔繪也併是ニ不可限」とある。

形状は、方形の被蓋造で、内部は左側に岩

蓋裏　千鳥と岩の配置、波と岩の誇張表現は典型的な室町蒔絵の様式

内部

形に象《かたど》った座に硯を嵌め、右に桟を伸ばして筆架とし、別に岩形の水滴が付属する。この筆架形式は、この時代の硯箱と構造を異にすることから、硯、座、筆架は後補と指摘されている。技法は総体黒漆塗で空を梨地《なしじ》とし、岩と千鳥は高蒔絵、波と洲浜は平蒔絵、千鳥と歌文字は銀の金貝《かながい》である。千鳥のリズミカルな配置、様式化された波、各種の技法を多用した表現など、典型的な室町蒔絵の様式を示している。

●たなばたまきえぶんだいすずりばこ

七夕蒔絵文台硯箱

室町時代
硯箱　縦二四・二　横二二・七　高五・三
文台　縦三三・〇　横五七・四　高一〇・八
藤田美術館蔵

乞巧奠《きっこうでん》は、陰暦七月七日の夜に供え物を載せた机に絹糸、針などを供えて技芸の上達を願い、角盥《つのだらい》に水をはり、梶の葉を浮かべて、そこに天の川を映す星祭である。この硯箱は七夕の風物を意匠化したもので、蓋表に流水に梶の葉、筆一本を描き、蓋裏は同じく流水に梶の葉散らしである。また、江戸時代より一具として伝えられた文台が付属し、その天板には流水に梶の葉、筆、短冊三枚が描かれ、短冊には「七夕にかしつる」の文字がみられる。ここから、『古今和歌集』凡河内《おおしこうちの》躬恒《みつね》の歌「七夕にかしつる糸のうちはへて年の緒ながく恋ひやわたらむ」を表したことが分かる。サントリー美術館の「扇の絵つくし」に同種の扇絵と、その傍らに「天の川とわたるふね

七夕蒔絵硯箱　蓋表　　筆、梶の葉、流水で七夕を暗示する謎絵の一種

のかちの葉にわかことのはをかきなかさはや」の歌が記されており、中世末から近世初頭にかけて広く流布した『扇の草子』との関連を窺わせる。

形状は方形、面取の被蓋造で、内部は中央の下水板《げすいいた》に銅製楓形水滴と硯を嵌め、左右に懸子を納める。技法は、総体黒漆塗に平蒔絵と描割《かきわり》で表している。

内部

七夕蒔絵文台

●ほうらいまきえすずりばこ

蓬萊蒔絵硯箱

室町時代
縦二三・四　横二一・四　高五・四
個人蔵

蓬萊山は、中国戦国時代から漢時代の史料にみられる神仙思想上の三神山の一つで、東方の海上にあって仙人が住み、不老不死の薬があり、鳥獣草木は皆白く、宮殿は黄金や白金で造られているという。法隆寺伝来の袈裟箱は、山岳を背負う大亀が大海を遊泳する図様が蒔絵され、唐様式が色濃く残る。平安後期には、日本の風物にみられる草花や樹木と置き換わって和様化が進み、室町時代には洲浜、鶴亀、松竹梅といった慶賀の文様が取り入れられ、鳳凰や山岳は消えて松が栄え洲浜に鶴亀が遊ぶ吉祥文様が完成する。

本硯箱は、総体黒漆塗に梨地を蒔いて、金の薄肉高蒔絵に銀の切金を交え洲浜に波、松、水辺に遊ぶ鶴二羽と飛翔する鶴一羽、岩の上に亀を描いたもので、文安二年（一四四五）に寄進された熱田神宮の蓬萊蒔絵鏡箱と類似した図様である。形状は、方形、面取の被蓋造で、内部は中央の下水板に金銅製円形水滴と硯を置き、左右に懸子を納める二枚懸子形式である。なお、『雲州蔵帳《うんしゅうくらちょう》』に「時代蓬萊蒔へ」とあるのが本作品に当たるという。

蓬莱蒔絵硯箱　蓋表　　松が栄え洲浜に鶴亀が遊ぶ、典型的な吉祥文様

内部・蓋裏

●うるしぬりすずりだい

漆塗硯台

室町時代　寛正六年（一四六五）
縦三六・〇　横三二・〇　高一三・〇
熊野本宮大社蔵

外側を黒漆塗、内側を朱漆塗とし、身に低い立ち上がりを廻らし、底に雲形の四脚を付け、蓋が付属する。硯台は、硯や水滴は見込みに置くだけで、筆は筆筒に立てるか、筆架を用いたと思われ、法然上人絵伝第三十五巻には黒漆塗の硯台に硯を置いた様子が描かれている。底裏に「願主芝僧正宣胤　奉寄進熊野山本宮品　寛正六乙酉十一月日」と朱漆で年紀がある。

黒漆と朱漆を塗り重ねた漆器は、中世には寺院を中心に広い範囲で用いられている。紀州根来寺《ねごろじ》とその周辺で朱漆塗を産したところから、今日では一般に根来塗と呼ばれている。根来寺における漆器制作の実態は不明だが、「文明八年□□□　根来寺知足院常住」と記された盤や「実相院谷　威徳院　乙酉之年」とある足付盥があり、これらは根来山内の一院の名称を含んでいるところから、山内で漆器を作ったことは間違いない。

根来塗は、朱一色以外に朱と黒、朱と透《すき》漆《うるし》を塗り分けたものをも根来塗と呼び、絵根来、黒根来、彫根来などの呼称もあるが、その定義は曖昧である。種類は、用途上から分けると神饌具、仏具、飲食器、文房具、武具など多岐にわたる。塗りは、黒漆の中塗を施し、上塗は研磨を加えない朱漆の塗放しの塗立《ぬりたて》のものが多い。長年の使用によって上塗の朱が手擦れ、中塗の黒漆が現れた微妙な色調を呈する斑文が、根来塗の美として数寄者の間で賞玩の対象となっている。

漆塗硯台　内部

漆塗硯台　姿　　寺院を中心に広く用いられた根来塗、雲形の脚は唐物の影響

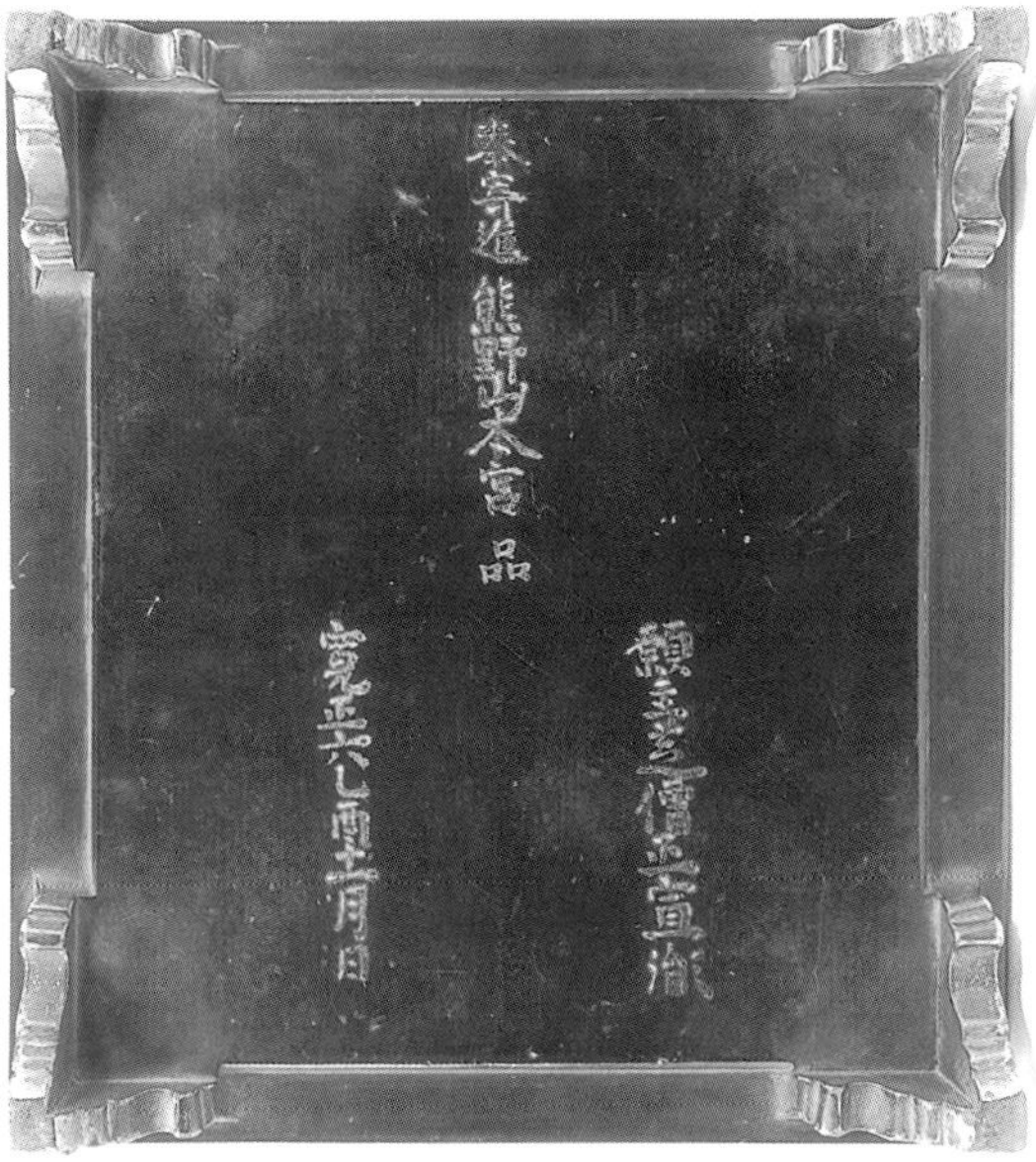

硯台裏面

写真提供　東京国立博物館
Image:TNM Image Archives

●かちょうらでんぶんだいすずりばこ

花鳥螺鈿文台硯箱

中国・明時代　重要文化財
硯箱　縦三四・七　横二二・二　高六・四
文台　縦三四・七　横五六・〇　高一二・五
東京国立博物館蔵

この文台硯箱は、李朝螺鈿が施された衣装箱と一組として毛利家に伝来した。文台の箱書によると、大内氏が朝鮮に注文して作らせ、陶氏が大内氏を滅ぼした天文二十年（一五五一）の後に毛利家に伝来したとある。

硯箱の蓋表には、梅枝に止まる小鳥一羽、長春花、竹を描き、面取部に花文入り七宝繋ぎ、蓋、身の側面に花文入り亀甲繋ぎに梅花散らし、蓋表、側面には銅綖線《どうよりせん》を嵌めている。蓋裏は梅月、懸子には梅、竹を表す。技法は、総体に黒漆塗とし、夜光貝の剥出《はぎだ》し法で花鳥

花鳥螺鈿硯箱　姿　　花鳥文様から中国明代嘉靖期の螺鈿とする説が有力

を表し、貝には毛彫りを施している。形状は方形、面取の被蓋造で、内部は中央に銀製水滴と硯（後補）を嵌め、左右の懸子に墨挟《すみばさみ》、刀子《とうす》、錐《きり》を納める。

文台は、天板両端に筆返しを付け、また刳形《くりがた》脚をつけて、天板周縁、側面の下縁、四脚周縁に銅縒線を嵌装している。硯箱と同技で松竹梅に椿、蘭、小鳥などを表し、「南嘉造」「康梁」の針描銘がある。文台硯箱が一具となった最古例である。

内部

蓋表

花鳥螺鈿文台

60〜61頁　花鳥螺鈿文台硯箱
Image:TNM Image Archives

梅唐草蒔絵文台・硯箱

●うめからくさまきえぶんだいすずりばこ

梅唐草蒔絵文台硯箱

室町時代　重要文化財
硯箱　縦二四・八　横二二・九　高五・八
文台　縦三二・九　横五四・八　高八・九
厳島神社蔵

硯箱文台共に松皮菱形で上下を区画して梅唐草を表し、中央の空間には梅花を散らしている。幾何学的な直線で劃した文様構成は片身替り風で、桃山蒔絵の出現を予測させる意匠である。蓋裏及び懸子見込みには梅唐草一茎を配している。技法は総体黒漆塗で、松皮菱の部分は梨地を密に蒔き、空間には淡く蒔いて地模様の色調に変化をつけている。梅唐草は金の平蒔絵で、梅花の一部に銀金貝を用い、輪郭を付描《つけがき》で括っている。地蒔は、梅文様を描いてから梨地粉を蒔いたもので、この手法は室町時代の蒔絵にしばしばみられる技法的な特徴である。蓋裏及び内部は金の研出蒔絵で梅唐草文様を描いている。

硯箱　内部・蓋表　　松皮菱形で区画した片身替り風の意匠構成は近世の到来を予告する

硯箱は方形、面取の被蓋造で、内部は中央の下水板に金銅製円形水滴と硯を嵌め、左右に懸子を配した二枚懸子形式である。文台は天板両端に筆返しを打ち、裏四隅に金銅製覆輪を付けた刳形脚を付ける。

社伝によれば、大内義隆（一五〇七～五一）の奉納といわれ、文台硯箱の揃いで制作年代を推定できる作例として貴重である。

写真提供　便利堂

●じつげつまきえすずりばこ

日月蒔絵硯箱

桃山時代　重要文化財
縦二八・二　横二四・四　高五・七
仁和寺蔵

天正十五年（一五八七）、豊臣秀吉が後陽成天皇の聚楽第《じゅらくだい》行幸に際して、幸阿彌長晏《ちょうあん》に献上品の制作を命じたものの一つという。その後に、この硯箱は天皇の長子である仁和寺二十一世覚深《かくしん》法親王に下賜されたという寺伝がある。

総体に濃い梨地に作り、蓋の表裏に日月を対照的に表す。日輪は大きな金の金貝、月輪は銀の金貝で表し、その周辺に配された雲は薄肉の高蒔絵に大粒の金銀切金を置いてい

日月蒔絵硯箱　蓋表

る。身の側面並びに懸子には登り龍と下り龍を描いて、いかにも桃山らしい豪華な意匠と作行きである。日輪、月輪は龍と共に権威の象徴であり、天子に相応しい意匠として選ばれたのであろう。
形状は方形、丸角の被蓋造で、内部は中央に円形唐草文彫水滴と硯を置き、左右に懸子を納めた二枚懸子形式である。

蓋裏　日輪、月輪は天子の象徴、豪華な桃山の意匠

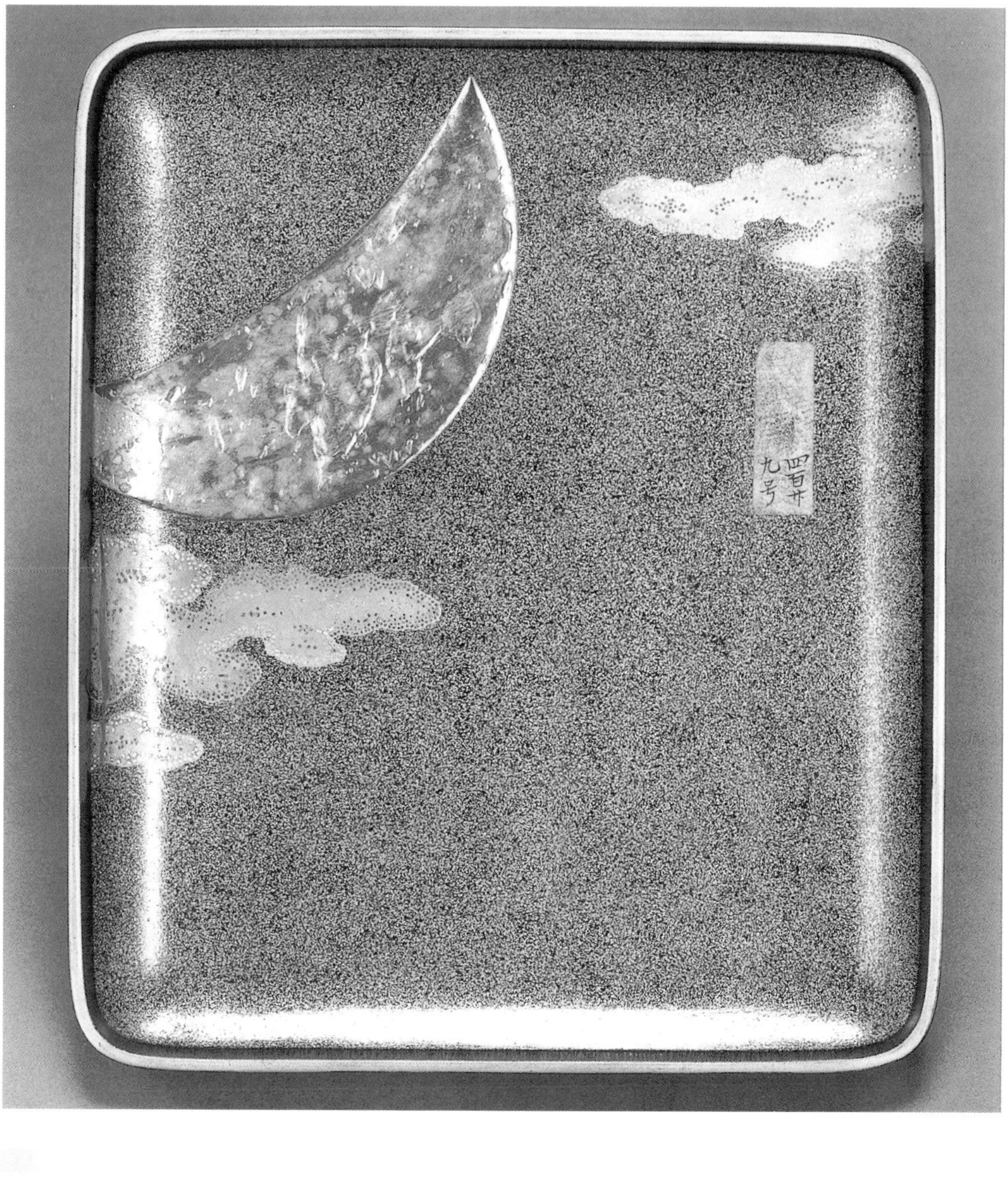

桐竹鳳凰蒔絵硯箱《●きりたけほうおうまきえすずりばこ》

桃山時代　重要文化財
縦二四・六　横二三・一　高六・一
サントリー美術館蔵

室町時代の伝統的様式を継承した文台、硯箱の揃いである。蓋表に瑞雲を配し、桐の大樹に止まる鳳凰一羽とその周囲に竹を描いている。鳳凰は、桐に宿って竹の実だけを食べると伝えられる瑞鳥だが、また王者の出現を待って現れるといわれ、単なる瑞鳥ではなく、権力を掌握した覇者の登場した時代の趣向を示すものであろう。蓋裏、身の内部並びに文台もほぼ同様の図柄である。

形状は方形、面取の被蓋造で、面取部に大粒の平目を置き、身の中央に銅製銀の水滴と硯を嵌め、左右に懸子を納めた二枚懸子形式である。技法は、濃密に蒔いた詰梨地に、金や青金の高蒔絵、金貝、切金などの各種技法

桐竹鳳凰蒔絵硯箱　姿

を駆使し、特に鳳凰は銀に鍍金した一枚板を貼り、桐、竹、雲、土坡は高蒔絵に金銀の大粒の切金、樹幹の窪みや突起には銀の金貝を埋めるなど、豪華壮麗な装飾が施され、華やかな桃山の時代感覚が表れている。この時代まで遡る文台と硯箱が揃う例は少なく、貴重な作例である。

内部

蓋表　鳳凰、桐は覇者の象徴、桃山時代を象徴する絢爛豪華な意匠

●たちばなまつたけつるかめまきえぶんだいすずりばこ

橘松竹鶴亀蒔絵文台硯箱

桃山時代　慶長二年（一五九七）
硯箱　縦二三・七　横二二・一　高四・六
文台　縦三四・五　横五九・〇　高九・二
北野天満宮蔵

黒漆地に松、竹、橘の下に鶴二羽と亀一匹を薄肉の高蒔絵で描き、松葉には絵梨地を用い、土坡、樹木、雲などには金銀の切金を置き、文台には銀金貝を貼って満月を表す。硯箱の蓋裏には「霜をけ・まして・ときハ木・その葉さへ・えたに・たちはなハ・ミさへ花さへ」と照高院道証の和歌の一部が散らし書きされている。これは、『万葉集』雑歌の「橘は実さへ花さへその葉さへ枝に霜降れどいや常葉の樹」を本歌取りしたもので、和歌と松、鶴亀とで不老長寿の蓬莱文様を表している。内部には、「慶長二丁酉年三月日　山中山城守従五位豊臣朝臣　橘長俊（花押）」と金蒔絵銘が記され、秀吉右筆の山中長俊が慶長二年（一五九七）に蒔絵師の河越弥左衛門に注文したもので、制作年代が判明する基準作である。

形状は方形、丸角、甲盛のある被蓋造で、内部は中央の下水板に楕円形菊唐草透彫水滴と硯を嵌め、右側に懸子、左側に筆と刀子を納める台を置く。

なお、銘文は次の通りである。

覚

一蓋中歌　照高院殿
一文臺裏　千句法度　昌叱法橋
一硯文臺蒔絵等命河越弥左衛門
令為造之
慶長二丁酉年三月日
山中山城守従五位豊臣朝臣
橘長俊（花押）

橘松竹鶴亀蒔絵文台・硯箱

硯箱　蓋表・内部　　松、竹、鶴、亀は伝統的な吉祥文様、丸角で甲盛の蓋は光悦蒔絵を予告する

硯箱　蓋裏

文台

●ぶどうまきえすずりばこ

葡萄蒔絵硯箱

桃山～江戸時代初期
縦二四・五　横二二・七　高六・〇
個人蔵

葡萄蒔絵硯箱　姿　　高台寺蒔絵の硯箱は極めて数少なく、貴重な作例

京都東山高台寺の霊屋は、文禄三年（一五九四）に建造された伏見城を移築したと推定される遺構で、秀吉夫妻を祀る厨子《ずし》や須弥壇《しゅみだん》には華やかな蒔絵装飾が施されている。また同寺に伝来する秀吉夫妻所用の調度品にみられる蒔絵意匠が、霊屋の装飾と共通するところから、その様式を高台寺蒔絵と呼んでいる。

昭和十四年の修理の際、秀吉を祀る厨子扉から「文禄五年十二月幸阿彌又左衛門」と判読される針描銘が発見され、伝統様式を継承した幸阿彌系の工人が高台寺蒔絵にも関与したことが明らかとなった。高台寺蒔絵の作例には、伏見城遺構と伝えられる西本願寺大書院、大徳寺唐門、都久夫須麻《つくぶすま》神社内陣、醍醐寺白書院床框などの建築蒔絵が知られ、この他は膳、椀類が知られるのみで、硯箱の遺品は極めて少ない。

この硯箱は、器表に格子とその間に櫛の歯様の丸紋を配した葡萄棚を表し、そこに葡萄文様を描いている。蓋裏と懸子の見込みには葡萄をそれぞれ一茎ずつ配している。総体黒漆塗として、金の平蒔絵に絵梨地と針描のみを用いた簡単な技法であるが、華やかな意匠感覚である。

形状は、方形、面取の被蓋造で、身の内側は下水板に金銅製円形水滴と硯を嵌め、左右に懸子を配した二枚懸子形式で、伝統的な室町時代の形式を踏襲している。

蓋表

内部

●はつねまきえすずりばこ

初音蒔絵硯箱

幸阿彌長重　江戸時代　寛永十六年（一六三九）　国宝
縦二四・五　横二三・〇　高五・五
徳川美術館蔵

三代将軍徳川家光の長女千代姫が、寛永十六年（一六三九）尾州家二代光友へ輿入れの際に調製した婚礼調度の一つである。『幸阿彌家傳書』第十代長重伝に、

千代姫君様御祝言御道具
寛永十四年丁丑被為仰付三年目ニ仕立上ル此御繪様濃梨子地ニ源氏初音之巻
年月を松にひかれてふる人のけふ鶯の初音聞せよ
哥の體文字金銀彫物也胡蝶之巻御繪様也

とあり、寛永十四年より三年をかけて幸阿彌長重が制作したことが分かる。意匠は、『源氏物語』「初音」の帖に基づく「年月を松にひかれてふる人にけふうくひすの初音きかせよ」の歌意を表したもので、「とし月を」「ひ・か・れ」「て」「ふる人に」の文字は金銀を取り混ぜて葦手《あしで》風に築山の稜線に巧みに隠し、「鶯」は文字ではなく金の金貝《かながい》で表している。濃い梨地に高低差のある高蒔絵が初音の調度の特徴で、特に鶯は金無垢の彫金を貼り、金銀、珊瑚などの貴重な材料を惜しげなく用いた江戸初期を飾る豪華絢爛な大名調度である。書は梶井宮円融院、彫金は後藤顕乗《けんじょう》、意匠の監督は岩佐又兵衛勝以《かつもち》と伝えられるが、確実な史料を遺すのは蒔絵師のみである。幸阿彌蒔絵の伝統様式の典型作であると共に、大名婚礼調度の完好資料として貴重である。

初音蒔絵硯箱　蓋表　　徳川幕府が政治、財力共に頂点にあった時期の豪華絢爛な調度品

内部・蓋裏

●じゅんきんあおいもんしょっこうもんすずりばこ

純金葵紋蜀江文硯箱

江戸時代　寛永十六年（一六三九）　重要文化財
縦二二・八　横二〇・八　高四・八
徳川美術館蔵

この硯箱は、初音蒔絵調度と同じく寛永十六年（一六三九）の千代姫婚礼輿入れの際に調製された金銀の調度品と考えられている。『金城温古録』御本丸編之六大奥部によると、名古屋城内には千代姫の遺品として黒漆金蒔絵の調度品のほか、黄金の櫛筥、鏡立、風呂釜、台子《だいす》などの茶道具や化粧道具などが「凡そ千種」あったと記されている。徳川美術館には、現在約三十点の純金調度品が所蔵され、このうち阿古陀形《あこだがた》香炉、沈箱、薬鍋、皿の四点は名古屋城の道具目録『御本丸小天守御物置金銀道具帳』に「霊仙院《りようせんいん》様（千代姫）御道具」と記されている。これら四点は、千代

純金葵紋蜀江文硯箱　姿

姫の婚礼道具とは記載されていないが、『金城温古録』から推測すると、婚礼調度の一部であった可能性が高い。本硯箱をはじめとする他の金器についても、千代姫の道具との確証は得られないが、精緻に彫られた文様や金色が一致し、制作技法も類似するため、同時に制作された千代姫調度品と考えられている。

総体に外側は蜀江文繋ぎ地に葵紋を散らし、蓋裏は菱形石畳文繋ぎ地に岩に菊を浮き彫りで表している。内部は、中央に硯と水滴を配した二枚懸子《かけご》形式で、純金の墨挟《すみばさみ》、刀《とう》子《す》、錐《きり》、墨並びに筆二本を納めている。

内部・蓋表　家康の遺産「駿府御分物」とされてきたが、千代姫の遺品と考えられる

秋野蒔絵硯箱　蓋表

●あきのまきえすずりばこ

秋野蒔絵硯箱

五十嵐道甫　江戸時代
縦二四・五　横二二・五　高四・六
石川県立美術館蔵

五十嵐家は、東山時代に五十嵐信斎が足利義政に仕えたと伝承される家系である。初代道甫《どうほ》は、江戸初期に京須磨町で蒔絵を営み、加賀藩主前田利常に召されて加賀蒔絵の基を築いたとされる。

この硯箱は器表を金地に仕立て、蓋表に満月に桔梗、藤袴、菊などを描いた秋野の情景で、蓋裏及び内部は平目地に松喰鶴を表している。技法は、高蒔絵に螺鈿、金貝《かながい》、切金《きりかね》などを交えて表したもので、伝統技法を継承しながらも高蒔絵の際を垂直に立ち上げる手法や、独特の切金置き、青貝の用法に五十嵐蒔絵の特徴を示している。内部は、平目地に金

内部・蓋裏　色変りの螺鈿、金貝、切金は五十嵐蒔絵の典型的な技法

銀の薄肉高蒔絵で松喰鶴を描いている。五十嵐蒔絵は、室町蒔絵の閑雅な作風に通じるが、近世的な趣に再構築されたところに特色がある。

形状は方形の被蓋造《かぶせぶたづくり》で、口縁《こうえん》に錫覆輪を廻らし、身は左側に水滴と硯を嵌め、右に懸子を納める一枚懸子形式である。

近年、四代藩主光高の『正保万治御遺物帳』に「蒔絵秋の野　五十嵐道甫」とある記事が発見され、加賀前田家の関わりを推測できるようになった。現在、本作品と同趣の硯箱が国内外に二点知られている。

舟橋蒔絵硯箱

●ふなばしまきえすずりばこ

伝本阿彌光悦　江戸時代　国宝
縦二四・二　横二二・九　高一一・八
東京国立博物館蔵

舟橋蒔絵硯箱　姿

総体金沃懸地《いかけじ》に作り、蓋表に鉛の橋を架け渡し、波を付描《つけがき》で表す。光悦風の歌文字で『後撰和歌集』源《みなもとの》等《ひとし》の歌「東路乃さ乃、（舟橋）かけて濃ミ思わたるを知人そなき」を表す。「舟橋」の文字はなく、鉛板の架け橋でこれを表している。中世の歌絵は、文字のいくつかを樹木や岩に巧みに隠して判じ絵的な機智による文学的情趣を醸し出したが、ここでは文字と図様とが見事な装飾効果を発揮し、その造形感覚には光悦の和歌巻《わかかん》を連想させる。

蓋表の詠歌は、『万葉集』巻十四「上野国歌」の「かみつけの佐野の舟橋取り放し親はさくれど吾は離るがへ」を本歌とする。この万葉歌は、『古今和歌六帖』以後、「東路の佐野の舟橋」の形で説話的背景を想像させる歌が詠み続けられた。謡曲《舟橋》が、この和歌説話を下敷きに成立していることを考えると、この硯箱の意匠の背景には中世に流布した佐野の舟橋説話や謡曲《舟橋》があるとみて間違いなかろう。

形状は蓋甲を豊かに盛り上げた被蓋造で、内部は左側に水滴と硯を嵌め、右の低い空間を筆置とし右端に刀子入を刳《く》る。この形式は、室町時代に多くみられる伝統的な一枚懸子形式から懸子を取り去ったものである。

蓋表　甲盛の高い蓋、光悦流の書に光悦蒔絵の特色が発揮された代表作

内部

78〜79頁　舟橋蒔絵硯箱　Image:TNM Image Archives

●ぶがくまきえすずりばこ

舞楽蒔絵硯箱

伝本阿弥光悦　江戸時代　重要文化財
縦二一・五　横二二・八　高五・〇
東京国立博物館蔵

舞楽蒔絵硯箱　蓋表　螺鈿や切金の用法から五十嵐蒔絵との関連が指摘される

太鼓に鳩杖《きゆうじよう》を立て掛け、鳥兜《とりかぶと》、裲襠《りようとう》、袍《ほう》、表袴を着た舞人の背面を表す。蓋裏は半開の扇子と舞楽装束を表し、懸子とその下には鳥兜、笙《しよう》などの舞楽道具を表し、硯に忍草を蒔絵している。鳥兜や太鼓は、謡曲《冨士太鼓》或いは類曲の《梅枝》の重要な道具立てで、謡曲との関連が推測される。

技法は、高蒔絵に金銀切金を敷き詰める手法が五十嵐蒔絵風であるため、光悦蒔絵と五十嵐蒔絵との関連が指摘されている。また鮑貝を浮き彫り風に用い、鳥兜や装束に施された梅唐草、菱繋ぎ、石畳、亀甲などの細文は高蒔絵に付描で、扇面には波に千鳥を配している。形状は方形、面取の被蓋造で、身の左側に長方形水滴と硯を嵌め、右側に懸子を一枚納める。技法は総体黒漆塗、梨地を厚く蒔き、金高蒔絵、螺鈿、鉛板、金棒や金銀切金を効果的に用いている。

なお、扇面鳥兜蒔絵料紙箱（滴翠美術館）、子《ね》の日《ひ》蒔絵棚（東京国立博物館）と共に東山時代の作として蜂須賀《はちすか》家に伝来した。

内部・懸子

蓋裏

80～81頁　舞楽蒔絵硯箱　Image:TNM Image Archives

●あしふねまきえすずりばこ

葦舟蒔絵硯箱

伝本阿彌光悦　江戸時代　重要文化財
縦二三・六　横二二・四　高四・二
東京国立博物館蔵

葦の間に一艘の舫舟《もやいぶね》を表し、空に飛翔する千鳥の一群と下辺に波を描く。蓋裏と懸子は、群れ千鳥を黒漆地に金平蒔絵で表す。蓋表の図様は、西本願寺本『三十六人家集』重之集の料紙下絵に類似し、『玉葉《ぎょくよう》和歌集』前大僧正道玄の歌「蜑小舟さしてみちくる夕汐のいやましになく友千鳥かな」、或いは『新千載和歌集』頓阿法師の歌「朽ち残る葦まの小舟いつまでかさはるにかこつ契なりけむ」に因む歌絵と指摘される。しかし、謡本「観世小次郎元頼本」（東京大学史料編纂所）、法政大学能楽研究所の「伝観世小次郎元頼本」

葦舟蒔絵硯箱　姿　　葦に舟の図様は謡本《善知鳥》の表紙絵に共通

「元和卯月本」「石田小左衛門友雪旧蔵本」「伝松平伊豆守旧蔵本」などに収められた謡曲《善知鳥《うとう》》の表紙絵と類似し、ここに謡われた陸奥外の浜の情景とも通じるものがある。近世初頭には能の爆発的な普及によって、謡曲の一部は流行歌謡の如く人口に膾炙《かいしゃ》された。本作品は、謡曲との関連をみるべきであろう。

形状は方形、甲盛のある被蓋造で、内部は左側に銅製長方形水滴と硯を嵌め、右側に懸子を一枚納めている。技法は総体黒漆塗とし、小舟を鉛の薄板で表し、葦と波、飛翔する一群の千鳥は平蒔絵で表している。

内部・蓋表

82〜83頁　葦舟蒔絵硯箱　Image:TNM Image Archives

左義長蒔絵硯箱　姿

左義長蒔絵硯箱《さぎちょうまきえすずりばこ》

伝本阿彌光悦　江戸時代
縦二三・九　横二二・六　高五・一
東京国立博物館蔵

宮中では、毎年正月十五日に清涼殿の東庭に竹葉を束ねて立て、これに扇、短冊、吉書などを下げて焼く左義長の儀式が催される。この硯箱は、蓋の表裏、身の内側に注連縄、扇、松、竹、裏白などを描き、身の筆置には梅に「吉書歳徳神」と書いた短冊を描いている。短冊の文字は光悦風で、扇面の鶴や梅花、流水模様は嵯峨本の料紙装飾に共通する。

左義長は、三毬杖とも書き、本来祓行事であったが、『看聞御記《かんもんぎょき》』応永二十七年（一四二〇）正月十五日条には松囃の風流と混じり合って正月の火祭り行事として催行された様子が記されている。永享六年（一四三四）正

内部・蓋表　　鶴、流水、梅花は嵯峨本の料紙装飾に共通

月五日条には、室町殿より伏見宮家に蒔絵の羽子板と羽根が贈答され、夫人や子供が狂喜した記事もみられる。この硯箱は左義長の風流を意匠としたものであろう。

　形状は方形、角丸でゆるやかな甲盛を持つ被蓋造で、内部は左側に長方形水滴と硯を嵌め、右側を筆置とし、右端に刀子入を刳った光悦形式である。技法は総体黒漆塗で、金平蒔絵に錫板、銀板、金板を貼り、各種材料を駆使している。

84〜85頁　左義長蒔絵硯箱　Image:TNM Image Archives

●たけまきえすずりばこ

竹蒔絵硯箱

伝本阿彌光悦　江戸時代
縦二八・二　横一七・〇　高五・四
MOA美術館蔵

蓋に大きく削面をとって桟蓋造とした形状は、光悦蒔絵特有である。内部は下水板《げすいいた》に長方形水滴と硯を嵌め、下水板に三本の筆置を刳る。総体黒漆塗として、蓋表に竹の朽株二本と蘗《きわだ》を赤銅と金の高蒔絵とし、所々に銀《ぎん》鋲《びょう》を用いて露を表す。蓋裏は銀の大粒の平目粉を蒔いて夜の情景とし、天を仰ぐ茅野の中の兎一匹を描いている。兎は金貝を貼り、光る兎の目には青貝を嵌め、髯《ひげ》に銀線を用いる。風にそよぐ茅を金の平蒔絵の細線で表した簡明な図様だが、その表現には技巧を凝らしている。蛍光X線分析の結果、竹幹は銀と銅との合金で、兎の体は銅と銀の合金であることが判明した。

竹蒔絵硯箱　蓋表

姿

内部・蓋裏　銀の平目地は夜の情景、茅野の中で月を仰ぐ兎が情趣を漂わす

●すみのえまきえすずりばこ

住江蒔絵硯箱

尾形光琳　江戸時代　重要文化財
縦二四・五　横二三・一　高九・八
静嘉堂文庫美術館蔵

箱書に「鷹峯大虚庵住物光悦造以写之　法橋光琳（花押）」と光琳の署名があることから、光琳蒔絵の基準作の一つに数えられている。

蓋表は鉛の岩山と金の平蒔絵で波を表し、そこに「すみ濃江乃」「寄」「よるさへや」、蓋裏に「ゆめ乃通路」「人目」、身の内側に「よく覧」の光悦風の銀製透彫文字を配して、『古今和歌集』藤原敏行朝臣の歌「住の江の岸による波よるさへや　夢の通ひぢ人目よく覧」を表している。この波文様が光琳筆松島図屏風の表現に近く、蕨手《わらびて》状に翻《ひるがえ》る波頭は「小西家文書」の円形図案集に収められた波の図案に共通するところから、波は光琳の翻案と指摘されている。

形状は、蓋甲を高く盛り上げた被蓋造で、身の左側に水滴と硯を嵌め、右側を筆置、右端に刀子入を設けている。

住江蒔絵硯箱　蓋裏

身裏

姿

内部　光琳が光悦蒔絵を模作したもの、蕨手状の波は光琳の翻案

●たちあおいまきえらでんすずりばこ

立葵蒔絵螺鈿硯箱

尾形光琳　江戸時代
縦二四・三　横一六・一　高一二・三
畠山記念館蔵

光琳の弟乾山が「家兄法橋光琳製作　無疑論者也　紫翠深省（花押）」と箱書したところから、光琳蒔絵の基準作として著名な作品である。咲き誇る立葵と八重葎《やえむぐら》を器表全体を覆うように描いている。総体黒漆塗として、立葵の花を錫板、葉に鉛と錫板、その花弁や葉脈に刻線を施し、蕾に鮑貝を用い、八重葎は金の平蒔絵で描いている。

形状は長方形の被蓋造で、蓋鬘《ふたかずら》に大きく手掛けを刳り、身は二段重として上段に水滴と硯を嵌め、下段を料紙入とする。これは、元禄十年（一六九七）頃と推定される光琳書状に記された「長重硯箱」に相当する器形と考えられる。

立葵蒔絵螺鈿硯箱　姿

蓋表　金貝、螺鈿、蒔絵で表した立葵と八重葎は光琳模様

●みずあおいまきえらでんすずりばこ

水葵蒔絵螺鈿硯箱

伝尾形光琳　江戸時代
縦二六・四　横一六・二　高一一・八
ＭＯＡ美術館蔵

元禄十四～十五年（一七〇一～〇二）頃と推定される十二月二十九日付西村正郁宛の光琳自筆書状が付属することから、光琳蒔絵の基準作例として『國華』一一二三号で紹介された。書状は、江戸から注文のあった硯箱が遅くでき上がったので、「当年の金子ニなりかねて」破談になったと伝えている。

形状は、「立葵蒔絵螺鈿硯箱」（90頁）と同じ光琳形式で、流水に浮かぶ水葵の文様は「小西家文書」の流水に浮き草図に近く、延享四年（一七四七）刊行の小袖模様雛形本『雛形愛染川』や宝暦八年（一七五八）刊『雛形接穂桜』にみられる光琳模様とも類似性が認められる。

光琳模様は、光琳歿後の享保から元文年間にかけて最盛期を迎え、享保十二年（一七二七）には『雛形絲薄』『光林雛形若みとり』が相次いで刊行された。光琳模様は小袖意匠に止まらず扇子、団扇、風呂敷、焼物などの意匠として用いられ、その流行ぶりが窺える。

技法は総体黒漆塗で、波は金平蒔絵、水葵の花や葉は鉛、錫の金貝、鮑貝を用いて華やかな作風に仕上がっている。

水葵蒔絵螺鈿硯箱　身・蓋

姿

流水に水葵の文様は、流水に浮き草図（小西家文書）に共通

内部

蓋表

●さののわたりまきえすずりばこ

佐野渡蒔絵硯箱

伝尾形光琳　江戸時代
縦二五・〇　横二二・〇　高四・五
五島美術館蔵

元治元年（一八六四）、池田孤邨編『光琳新撰百圖』に掲載されたもので、光琳蒔絵として江戸時代から著名な硯箱である。蓋表に袖で雪を払う馬上の公達と流水を描き、『新古今和歌集』藤原定家の歌「駒とめて袖うちはらふかげもなしさののわたりの雪の夕暮」を表している。佐野渡の画題は、『扇の草子』諸本に採り上げられ、また光琳筆佐野渡図（ＭＯＡ美術館）や江戸時代の絵画に散見される流行の題材であった。

形状は方形、面取の被蓋造で、内部は左側

佐野渡蒔絵硯箱　蓋表　江戸時代から著名な硯箱、定家の佐野渡の和歌を意匠化したもの

に銅製長方形水滴と硯を嵌め、右を筆置として右端に刀子入を刳る光悦形式である。技法は、金地に高蒔絵、鉛板、銀の金貝、夜光貝などの各種材料を併用している。

外箱蓋表に「佐野渡硯箱　青々光琳造」の墨書があり、蓋裏に「松澤書庫（朱文方印）」の蔵印がある。この蔵印は、和泉屋庄次郎と称して江戸で書肆《しょし》慶元堂を営んだ松澤老泉の所蔵印である。老泉は、文政九年（一八二六）に『光琳百圖』を再版し、江戸琳派の酒井抱一、鈴木其一等とも親交の深い人物である。

内部

桜狩蒔絵硯箱　蓋表　　馬上の人物は宗達派の伊勢物語色紙や『畫史會要』に共通する

●さくらがりまきえすずりばこ

桜狩蒔絵硯箱

尾形光琳　江戸時代
縦二四・五　横二一・二　高五・一
藤田美術館蔵

　桜樹の下に馬に乗って行く公達の姿、その周囲に桜の花びら、遠山、土坡を描いて、蓋表から蓋裏、身の内側にかけて『新古今和歌集』藤原俊成の歌「またや見ん交野のみ野の桜がり花の雪ちる春のあけぼの」の歌文字を配している。

　総体金地に作って桜の樹幹、人物、馬に鉛の厚板を貼り、人物の顔や手に夜光貝を用いている。桜の葉は、金の平蒔絵で細密に描いている。馬上人物の描写は、宗達派の伊勢物語色紙「初冠」に共通すると指摘され、寛延四年（一七五一）刊大岡春卜編『畫史會要』

蓋裏

内部

に掲載された馬上人物の顔や馬の表情に類似する。

形状は、なだらかな甲盛の被蓋造で、内部は左側に水滴と硯を嵌め、右側に筆置と刀子入を刳る光悦形式である。箱書に光琳自筆とされる「本阿弥所持光悦造以写之　法橋青々光琳（花押）」の墨書がある。

夕顔意匠料紙硯箱《ゆうがおいしょうりょうしすずりばこ》

小川破笠　江戸時代
硯箱　縦二四・〇　横二二・二　高五・八
料紙箱　縦三九・七　横三一・五　高一三・四
個人蔵

小川破笠《おがわはりつ》（一六六三〜一七四七）は、元禄年間に松尾芭蕉に師事して俳諧、絵画で活躍し、その交遊も英一蝶《はなぶさいっちょう》、宝井其角《たからいきかく》、二代市川團十郎と幅広い。享保年間の五十歳代後半から古墨を意匠した硯箱や簞笥、印籠を作りはじめた。『装剣奇賞《そうけんきしょう》』に「此人の蒔絵には必ず楽焼又ハ堆朱又ハ染角などをあしらひ仕立る事、甚だ風流なる物なり。是又一名家といふべし」とあり、笠翁細工と呼ばれ人気を博した。享保八年（一七二三）、津軽藩主信

夕顔意匠硯箱　　各種材料の豊富さと象嵌の精緻さは笠翁細工の中でも出色のでき栄え

寿に召し抱えられ、「御擬作」という肩書が付された。

硯箱は方形、丸角の印籠蓋造で、内部は下水板に七宝製瓢形水滴と硯を納める。技法は、木目を洗い出して透漆《すきうるし》を塗り、陶器、螺鈿、七宝《しっぽう》、染角《そめづの》、鼈甲などの象嵌《ぞうがん》と蒔絵を用いて、竹垣にからむ夕顔に、蟷螂《かまきり》、飛蝗《ばった》、甲虫《かぶとむし》などの昆虫を配している。江戸趣味が、見事に表れた笠翁細工である。

夕顔意匠料紙箱

槙鹿蒔絵硯箱　内部・蓋表　　友治の典型作、十八世紀中頃に流行した光琳模様

●まきしかまきえりょうしすずりばこ

槙鹿蒔絵料紙硯箱

永田友治　江戸時代
硯箱　縦二四・八　横一九・八　高五・二
料紙箱　縦四一・二　横三一・二　高一四・一
京都国立博物館蔵

永《なが》田《た》友《ゆう》治《じ》は、『蒔繪師傳』に「京師の人なり。蒔繪の名工にして、大に光琳の風を慕ひ、遂に其妙を得たり。（略）蓋し正徳享保頃の人なるべし。友治繪畫を嗜み光琳風の畫を善くす」とある。生歿年未詳だが、光琳歿後の享保から元文年間にかけて刊行された『光琳繪本道知辺』『雛形糸薄』『光林雛形若みとり』に共通する作例があるから、この時期に活躍した蒔絵師と思われる。

硯箱は、黒漆地に平目粉を密に蒔いて鹿に流水の図様を描き、料紙箱は槙に鹿を描いて、その裏側に『古今和歌集』秋の歌「秋の月山

槙鹿蒔絵料紙箱

硯箱裏

へさやかに照せるはおつるもみぢのかずを見よとか」を金蒔絵で記している。光琳が好んだ鹿や流水の図様、蓋表から側面、底裏に連続的に描く文様構成、さらに錫の平文《ひょうもん》、鮑貝の螺鈿を駆使した技法に光琳蒔絵の継承を窺わせる。形状は、方形、面取の被蓋造で、内部は左側に銀製長方形水滴と硯を嵌め、右端に刀子入を刳る。両器共に底裏に「青々子」の金蒔絵銘、「方祝」の朱漆印があり、光琳模様であることを強調したものであろう。

●すみよしまきえすずりばこ

住吉蒔絵硯箱

山本春正　江戸時代
縦二七・一　横二三・九　高五・三
名古屋市博物館蔵

下絵集『春正百圖《しゅんしょうひゃくず》』（名古屋市博物館）に蓋表と蓋裏の図様が掲載されているため春正作とされる。天明五年（一七八五）に尾張藩士高力種信が著した『猿猴庵合集《えんこうあんごうしゅう》』によれば、東山天皇（一六八七～一七〇九在位）遺愛の品として京都泉涌寺《せんにゅうじ》に伝来し、尾張大龍寺で催された泉涌寺出開帳に並べられた作品と指摘されている。総体梨地に仕立てて、住吉の浜や鳥居、松樹は高蒔絵を基調とし、波は研出蒔絵、浜辺の貝殻に本物の稚貝や貴石を削った細工物を埋め込んでいる。

住吉蒔絵硯箱　姿　　研出蒔絵で知られた春正の代表作、海辺の貝殻は本物の稚貝や貴石を象嵌している

初代春正は、松永貞徳、木下長嘯子《ちょうしょうし》に師事して和歌をよくし、伊藤仁斎に漢籍を学び、舟木と号して歌人としても名高い。二代以降は、京の蒔絵師として活躍したが、五代春正正令の時、天明の大火に遭い名古屋に移り住んだ。

蓋裏

宇治川螢蒔絵硯箱　蓋表

桃葉の代表作、水辺で飛び交う螢は金地に各種材料で仕上げられて絢爛で精緻である

内部

蓋裏

●うじがわほたるまきえりょうしすずりばこ

宇治川螢蒔絵料紙硯箱

飯塚桃葉　江戸時代　安永四年（一七七五）
硯箱　縦二六・〇　横二四・〇　高五・三
料紙箱　縦四一・〇　横三三・六　高一六・五
宮内庁三の丸尚蔵館蔵

この硯箱は桃葉《とうよう》の代表作として名高く、金粉を密に蒔きつけた金地を作り、蓋表に三日月と雲、水辺の杭と葦、飛び交う螢を描く。螢の翅は錆上《さびあ》げ黒漆塗とし、下翅は銀高蒔絵、頭は朱漆を点じ、尾に螺鈿を用いて、繊細かつ絢爛な仕事である。形状は、方形、丸角の被蓋造で、内部は四方に枠を廻らした筆架形式としている。中央の下水板に月に雁を表した水滴と硯を嵌め、筆二本、錐、墨挟を納めている。身の側面に「観松齋　桃葉造（花押）」、料紙箱の底裏に「安永四年乙未八月日　観松齋　桃葉造（花押）」の蒔絵銘がある。料紙箱も同じ技法で、橋姫にまつわる宇治橋を中心に宇治川、葦、雲に無数の螢を配している。

桃葉は、明和から安永年間に活躍した蒔絵師で、観松斎と号し、印籠師としても著名で、精巧華麗な蒔絵で知られた。宝暦十四年（一七六四）、徳島藩主蜂須賀重喜に抱えられた。本作品は、安永四年（一七七五）に徳島藩の注文に応じて制作され、明治維新後に蜂須賀侯爵家から皇室に献上されたものである。

宇治川螢蒔絵料紙箱

●すみだがわまきえぶんだいすずりばこ

角田川蒔絵文台硯箱

田付長兵衛　江戸時代
硯箱　縦二五・二　横二二・八　高五・三
文台　縦三五・〇　横五九・五　高一〇・〇
東京国立博物館蔵

蓋表は、畠山記念館の硯箱（44頁）に類似した蔦、楓が生い茂る山道を描き、蓋裏も同趣の図柄で、そこに結び文を載せた銀製の笈を嵌め込む。内部は、見込みに波を描いて銀製の水鳥三羽を置き、水滴は銀製の苫舟形とする。文台は硯箱と同趣の図様で、蔦と楓の山道を描き銀製笈を嵌めている。硯箱の見込み並びに文台の天板裏に「角田河　田付長兵衛高忠（花押）」と蒔絵銘があり、『伊勢物語』九段「宇津山」と「隅田川」を表したことが分かる。

硯箱は方形の被蓋造で、内部は中央に水滴と硯を置き、硯の左右に栈を伸ばした筆架形式で、筆二本、刀子、錐、金銅製紙切が付属する。技法は総体黒漆塗に梨地を蒔いて、金の薄肉高蒔絵と研出蒔絵に金物を嵌装している。『伊勢物語』は嵯峨本の刊行以降に広く流布した物語で、なかでも東下りの段は伝統的な意匠として室町時代から江戸時代に至るまで絵画や蒔絵などに描かれ、作り続けられてきた。作者の田付長兵衛《たつけちょうべえ》は生歿年未詳だが、江戸時代前期に京都で活躍した蒔絵師と推定されている。

角田川蒔絵文台

左頁◀　右／角田川蒔絵硯箱　蓋裏・左／内部
『伊勢物語』宇津山の景を蓋の表裏に、見込みに、波に苫舟と水鳥を描いて隅田川の情景としている

蓋表

106〜107頁　角田川蒔絵文台硯箱　Image:TNM Image Archives

●しのぶまきえすずりばこ

忍蒔絵硯箱

江戸時代
縦二八・八　横二〇・六　高四・二
MOA美術館蔵

忍は、恋い慕う意を偲ぶにかけて、『古今和歌集』の「みちのくの忍もぢずりたれゆゑに乱れむと思ふ我ならなくに」や『伊勢物語』の「この男忍の狩衣をなむ着たりける」などにしばしば採り上げられた文学的な意匠である。

この硯箱は縦長の被蓋造で、蓋の両側に手掛けを刳り、内部は左側の下水板に銅製水滴と硯を嵌め、右側を枠下水板とする。総体黒漆塗で、現状は漆が透けて程好い茶褐色を呈している。内外に忍草と刈萱を金の平蒔絵で描くが、金蒔絵に弁柄を混ぜた赤付を一部に用い、忍草の色調が赤金にみえる部分を作り出して、金の色彩に微妙な変化をつけている。忍草や刈萱の描線は柔らかく、光悦の和歌巻《わかかん》を見る思いがする。今日まで見てきた硯箱の中で、筆者が最も好む一品である。

忍蒔絵硯箱　内部・蓋表

蓋表

内部　忍草の文学的な情趣を、金と青金の蒔絵粉で蒔き分けて見事に表現

硯《すずり》のはなし

硯は、墨磨《すみすり》の略で、石や瓦などで作り、墨を水で磨りおろすのに使う道具である。後漢時代の劉熙著『釋名』に「硯、研也、研墨使和濡也」とあるように硯は研ぐもので、墨を研ぎ、水を加えて墨汁として使った。形状は、方形、長方形、円（猿）面形、風字形、象形《しょうけい》などがあり、硯面には墨を磨る岡《おか》（墨道《ぼくどう》）、墨汁を溜める海《うみ》（硯池《けんち》）を彫り込み、その周辺に細かな彫刻を施したものがある。硯の歴史については、野村恵子氏の『やきものの硯　中国・朝鮮・日本』（大阪市立東洋陶磁美術館企画展図録）に拠って概略を記しておく。

現在、最古と考えられる硯は中国湖北省秦墓から出土した戦国時代の石硯で、漢時代にはその数を増していく。初期の硯は全て石硯で、円硯、長方硯、有蓋円硯がある。広東省広州市南越王墓から出土した後漢時代の墨は油煙や松煙を粒状にしたもので、粒状の墨を硯面に置き、水を加えて研石で磨り潰して用いた。河北省望都県後漢墓の墓室壁画には、研石を載せた硯が描かれている。この他に後漢末期の楽浪郡古墳遺跡彩篋塚《さいきょうづか》から出土した硯及漆硯台（本文118頁参照）は、遺ることが極めて少ない木製漆塗の遺物である。

三国から南北朝時代には、浙江省の越州窯で灰陶、青磁、褐釉などの陶硯が制作されはじめた。形状は獣足円面硯が主流で、南朝末期には滴形足や透かし彫りの入った圏足の円面硯が現れる。また陝西省西安市唐墓から出土した武定七年（五四九）銘の硯は、全体を風字形に作ったもので、風字硯を予告する。

隋から唐時代初期は陶製円面硯が中心だが、獣足に圏台を付した形が新たに現れる（図1）。唐時代は、形態が多様化すると共に灰陶、青磁、白磁、三彩などの陶硯も作られるようになる。また歙州《きゅうじゅう》、端渓《たんけい》の良質の石材が発見され、石硯が盛んに使用されるようになる。歙州石は安徽省歙県龍尾山に産し、端渓石は広東省広州市西方の渓谷から採掘されるもので、宋時代には文人にこよなく愛好された。この他、箱形に作った上面を硯だけでなく筆や水盂《すいう》などを置く場所を併せ持つ陶硯も登場する。

円面硯は、唐時代までにその生産を終える。風字硯は、五代から宋時代にその形状を変化させた。特に硯首が角張りはじめ、やがて北宋時代初期から長方形の硯が現れる。この他に、木胎漆製の盒内に墨や筆などの文房具と組み合わさった出土例もみられる。

日本における硯は、天平十五年（七四三）『写疏所雑用帳《しゃしょしょぞうようちょう》』にみられる記録が最も古いが、七世紀の遺跡か

図1　青磁獣足円面硯
隋〜唐時代　MOA美術館蔵

図2 猿面硯
須恵器：平安時代　蒔絵：室町時代
MOA美術館蔵

ら須恵器円面硯が出土しているので、それ以前に使用されていたことが知られる。また日本では、石硯に先行して陶硯が使用されたようで、その多くは円面硯と風字硯である。円面硯は七世紀後半から九世紀まで、風字硯は八世紀末から十一世紀まで生産され、主に九州、畿内の官衙《かんが》、寺院の遺跡から出土している。八世紀に入ると陶硯の範囲は全国的に広がり、この代表的な作例は正倉院の青斑石硯であった。これは、須恵器の風字硯の周囲を四片の青斑石（蛇紋石）で正六角形に組み、それを木画の床脚に嵌め込んだものである。現在、これに六角形木画の蓋が付属するが、これは明治期に新しく添えられたものである。

奈良時代八世紀から平安時代九世紀にかけて、特殊な硯として象形硯と猿面硯（図2）が登場する。前者には亀形と鳥形があり、後者は須恵器の硯に木胎漆塗の枠を付けた特殊な構造である。主に宮廷、社寺で用いられたもので、その成り立ちについては諸説がある。この他、宮城県多賀城遺跡からは、須恵器の坏、蓋の裏面、身の内部を転用した硯が多く出土している。

平安時代の円面硯の中で、前代から引き続いて制作されたのは圏足円面硯だけで、九世紀には圏足に透かし彫りや線刻、印花がみられるようになる。主産地であった陶邑《すえ》窯の生産は減り、代わって猿投《さなげ》窯の製品が増える。十世紀以降、円面硯の生産は終わりを告げる。一方、風字硯は、九世紀に硯首を蓮華花や宝珠形に作るものが現れ、十一世紀には減少し、そして長方形に近い均整のとれた形状が現れる。また官衙、寺院に加えて集落遺跡からも出土しはじめる。

石硯は、日本で生産がはじまる以前に、中国から渡来していたことが文献から窺われる。十一世紀の石製風字硯が九州から出土しており、この頃から日本でも石硯が普及しはじめたと思われる。十二世紀には、陶硯、石硯ともに長方形のものが現れ、以後はこれが主流となる。

鎌倉時代に入ると、陶硯は極端に減少し、石硯が主に使用されはじめ、官衙、寺院、地方の集落遺跡からも出土している。特に鎌倉市の下馬周辺遺跡や由比ヶ浜中世集団墓地遺跡からは、筆置き部分に情景文を描いた石硯が発掘されている。また佐助ヶ谷遺跡からは、水滴を入れる孔と硯面を持つ木製黒漆塗や白木製など特殊な硯が出土している。

陶硯が再び盛んになるのは桃山時代以降で、形態や装飾も豊富になり、織部、備前、常滑などの変化に富んだ硯が数多く作られた。しかし、この時代の陶硯は二次的存在で、主流はあくまでも石硯であった。

第三章 硯箱の歴史

一、硯箱の成立

◎草創期の硯箱

硯箱は、硯をはじめ水滴《すいてき》、筆、墨、刀子《とうす》、錐《きり》を使い易く一つの箱に納めるものである。文献史料上で確認できる記録は、貞観九年（八六七）の款記のある『安祥寺資財帳』に「硯瓦一具。銀瓶子一口。同提壺一合。蘇芳合子一合。漬墨一連」とあるのが早く、瓦製硯に銀製の瓶子と提壺、墨一連と木製蘇芳染の合子《ごうす》をまとめて一具とした記事である。硯箱の記録は、管見の限り奈良時代の史料に見当たらず、延長五年（九二七）に編纂が完成した『延喜式《えんぎしき》』巻十一「太政官」に「凡太政官考選文者。（略）外記史生一人持丹硯筥」とある。律令の「施行細目」の規則に太政官庁の役人である外記史生は、丹塗の硯箱を持つことが定められていた。天暦四年（九五〇）の『仁和寺御室御物實錄』には、「青茶垸御硯壹口　白鑞瓶壹口　尺壹枚　小刀壹柄　續墨壹枚　筆貳管　以上納岐佐木筥一合」とあり、後述するが青磁の硯、錫製水入、尺、刀子、墨、筆が木目の美しい白木と思われる筥《はこ》に納められている。絵画資料では、平安時代に描かれた奈良薬師寺の慈恩大師像（挿図1）に高い四本の鷺脚の付いた台が描かれている。台の上には、硯と唐子形水滴が置かれ、

挿図1　慈恩大師像　平安時代　国宝　薬師寺蔵

上方に半円形の勾欄《こうらん》状の枠を廻らし、その左右に筆二本ずつを立てている。硯箱が成立する以前の硯、水滴、墨、筆を一まとめにして用いた先駆的な形態を示すものであろう。(註1)

次に、初期の用法を史料に窺うと、源高《たか》明《あきら》(九一四〜八二)の『西宮記《さいきゆうき》』、大江匡房《まさふさ》(一〇四一〜一一一一)の『江家次第《ごうけしだい》』の叙位、除目《じもく》にみられる。叙位とは、天皇が親しく五位以上の位階を授けられる儀式で、村上天皇の応和三年(九六三)以降より毎年正月五日或いは六日に宮廷で行われた。池田亀鑑著『平安時代の文学と生活』によれば、大臣以下が紫宸殿の東の日華門にある左仗の座に着座し、次に諸員が日華門の北の腋《えき》にある議の所について勧盃の儀を行い、第一の納言より第三人までが順に射場殿(武徳殿)にて筥文を執って、清涼殿に昇り御前に着座する。(註2)これを史料に窺うと、『江家次第』巻第二「叙位」に第一の納言が「硯筥」を執り、その硯筥は「件筥入硯筆臺加筆二管、墨一廷、小刀、續板、續飯、水滴器」であった。硯筥に硯と筆台《ひつだい》が入れられ、筆台には筆二管を加え、墨一廷、小刀、続板《そくいた》、続飯《そくい》、水滴器が載せられていた。筆台とは、筆や刀子を載せる筆架で、続飯は飯粒を練って作った糊、続板は続飯を練るのに使う板である。第二、第三の納言が執る筥には、五位以上の姓名を連署した歴名帳、諸司諸国、武官等の補任帳(歴名帳)を納めた。十二世紀初頭の『雲圖抄』には、「五日叙位議事」「女叙位事」の儀式の図面が載り、年中行事絵巻に描かれた清涼殿の「除目御前の儀」(挿図2)並びに「除目清書」の儀の情景と一致している。

硯箱が、叙位にもまして重要な役目を果たしたのは除目である。除目は、諸司諸国の官人を任命する儀式で、春の県召《あがためしの》除目《じもく》と秋の京官《きょうかんの》除目《じもく》がある。県召除目は正月十一日に始まり、十三日に終わるのを恒例とし、前日に召仰があり、大臣は勅を奉じ、その事に与えるべき人事を命じた。『西宮記』巻二仁和元年(八八五)の記録は次の通りである。

仁和元年五月廿五日、有除目儀、太政大臣、左大臣云々、候侍龍顔、太政大

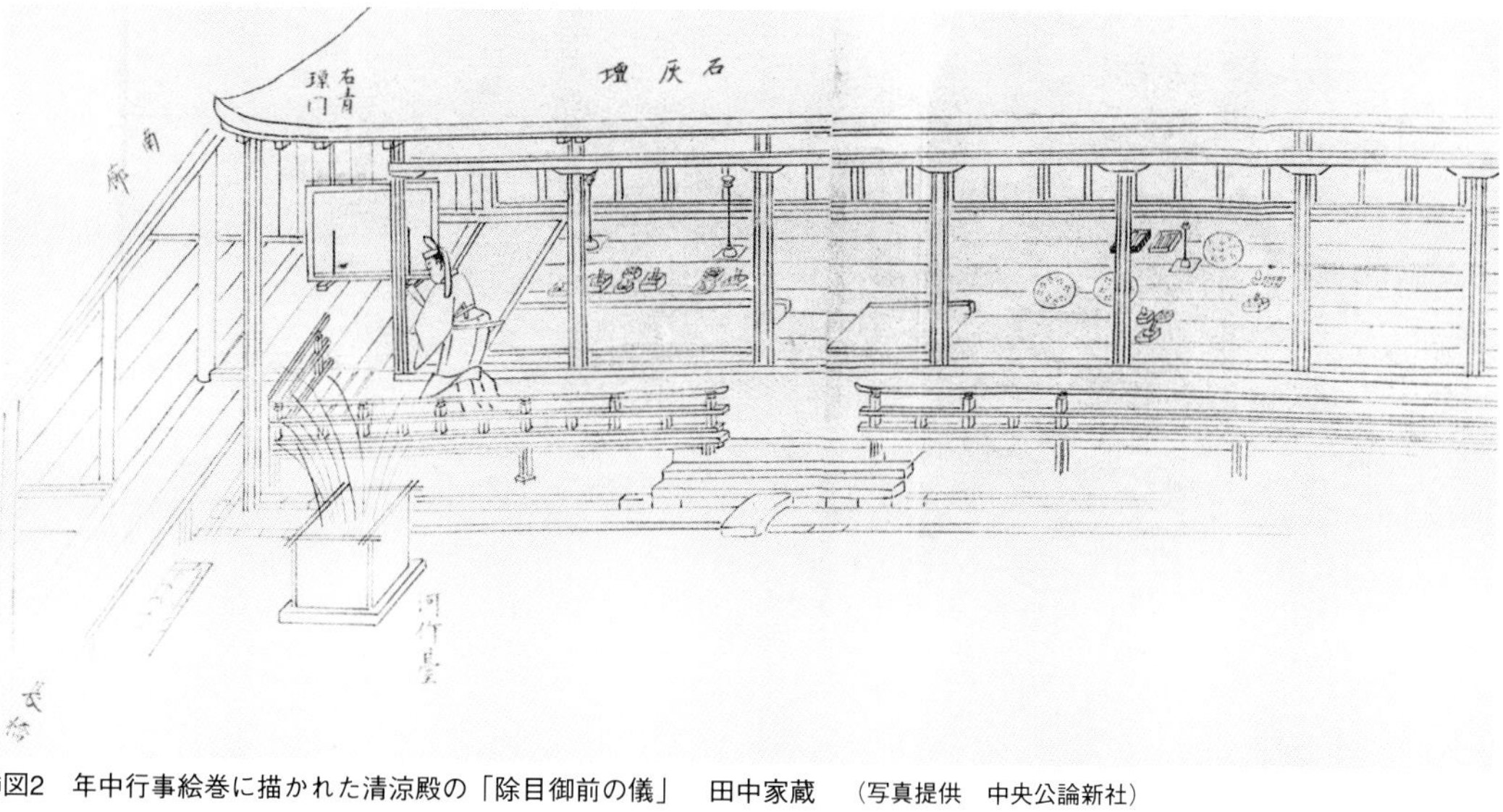

挿図2　年中行事絵巻に描かれた清涼殿の「除目御前の儀」　田中家蔵　(写真提供　中央公論新社)

臣東面、大臣以下北面、

大除目時

五位已上歴名一巻、諸司主典已上補任二巻、上下、武官主典已上補任一巻、諸國主典已上補任二巻、上下、所々勞帳、大舎人、内竪、進物所、挍書殿、文章生勞帳、内舎人勞帳、諸道課試及第勘文一巻、闕官帳二巻、正權、文章生散位勞帳一巻、令外官一巻、已上書等、入一筥、大間書一巻、三局奏、辨、少納言、外記、史中文、外記、官史生、弁上召使等奏、硯筆臺、墨一、廷筆二管、續板、續飯、水瓶、小刀、已上書雑具等、入一筥、諸人々申文、各付短冊入筥三四合許

仁和元年の大除目では、五位以上の歴名帳一巻、諸司・諸国主典以上の補任帳各二巻、武官の補任帳一巻、労帳《ろうちょう》（年労を積んだ人の歴名帳）、諸道課試及第の調査書一巻、欠官帳二巻、職掌のない文章生の労帳一巻、令外官一巻が一つの筥に入れられた。そして大間書《おおまがき》（欠官で人事の定まらない官を書いた書付）、三局《さんきょく》（左右弁官局と少納言など）の奏書、硯、硯台、墨と筆、続板、続飯、水瓶（水入）、小刀などが一つの筥に、諸人の申文は各短冊筥に入れて三、四合の筥に納められた。

『江家次第』巻第四「除目」にもほぼ同じ内容が記され、「第一硯筥」に「大間書一巻、三局奏、硯筆臺、墨一挺、筆二巻、續飯、續板、水瓶、小刀等」が納められた。また寛元四年（一二四六）以前に成立した『除目抄』は、外記のために除目の作法を説いたものである。ここに掲載された指図には方形の箱の上半分に硯と水瓶、筆架に筆二本、墨、小刀、続飯を納め、下半分に攪板を敷き、その上に「大間、闕官寄物、政官宿官中文、上召使挙、三局史生申文」を納めている。このように初期の硯箱は、宮廷の叙位、除目の儀式の中で、一つの箱に硯や水滴、筆などを納めて用いていた。

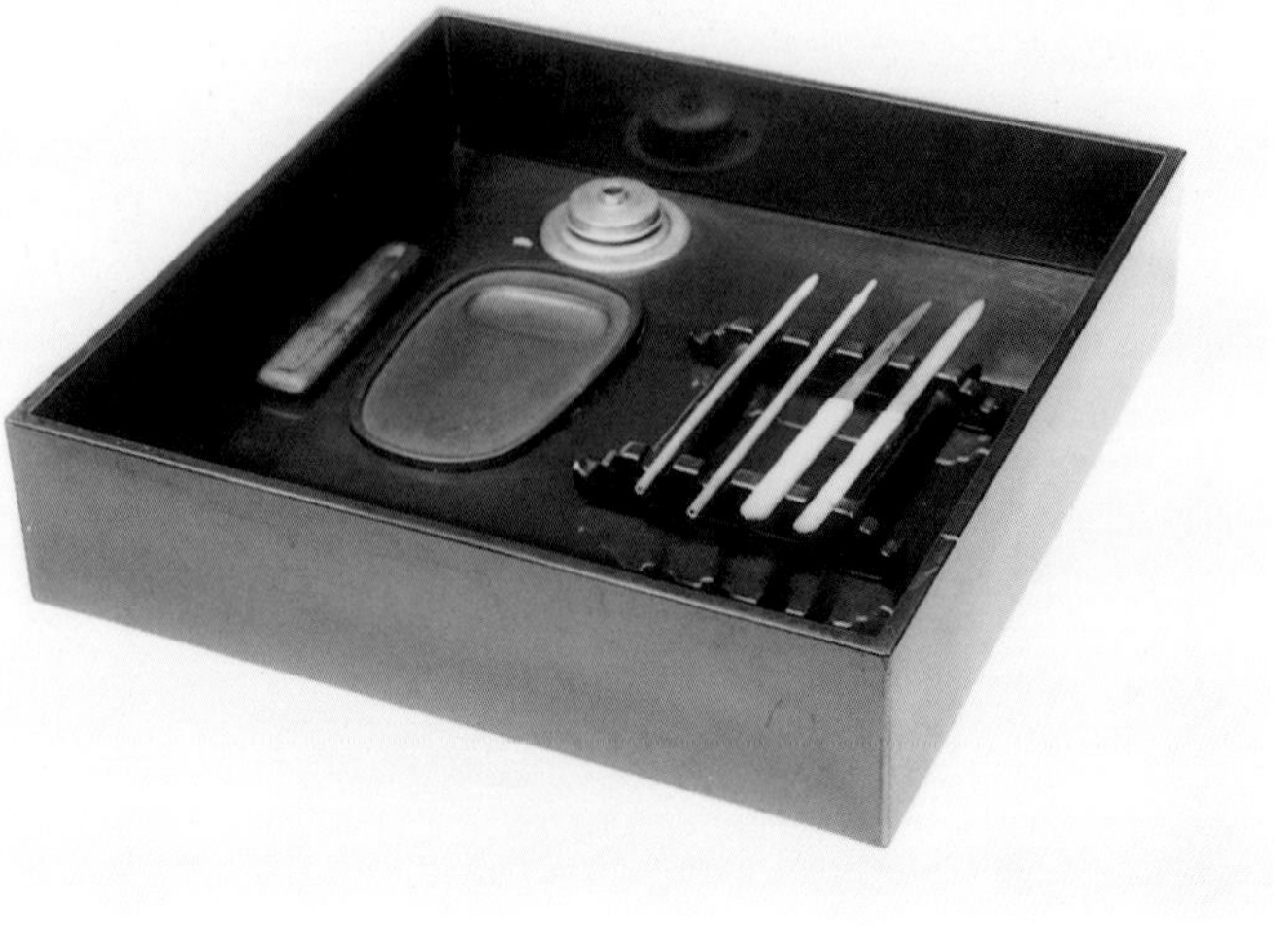

挿図3　官文殿硯箱　模造　東京国立博物館蔵
Image:TNM Image Archives

この記録を推測させるのが東京国立博物館の官文殿《かんのふみどの》硯箱（挿図3）である。官文殿とは太政官の文書や記録を保管するための書庫のことで、ここで使用されていた硯箱を明治期に模造したものである。これまでの記録から推して、硯や水滴、筆、墨、刀子、錐などを一つの箱に納める形態は、遅くとも十世紀までにその形を整えていたと考えられる。

◎『類聚雑要抄』

　平安貴族の生活の場である寝殿が、室礼《しつらい》或いは舗設と呼ぶ定型を整えると、その調度の一部に硯箱が用いられた。『類聚雑要抄《るいじゅうざつようしょう》』は、藤原氏邸宅であった東三條殿《とうさんじょうでん》を中心とした公事の供御、調度、室礼を記録したもので、内容からみて儀式や行事を差配した行事蔵人などの実務担当者の手控えを基に、十二世紀には成立していたものと考えられる。特に巻四は調度関係の記録で、「母屋調度目録」「庇具目録」「北庇具目録」には、重硯筥、浅硯筥、手箱中の小硯筥の形態と内容品が指図され、平安後期における硯箱の具体例を知ることができる。

　永久三年（一一一五）七月二十一日に関白右大臣史實《ただざね》が東三條殿に移徙した時の寝殿室礼の記録をみると、母屋は寝殿の中心となる晴の場で、南庇は母屋に比べてより私的な空間として使われた。（註3）その室礼は、橋隠間に繧繝端畳二帖を並べて敷き、その上に龍鬢莚二帖を敷いて御座とし、中央に唐錦茜を敷いた。御座の西には北から南にかけて二階一脚、重硯筥一合、唐匣、鏡筥一合、鏡台一基、冠筥二合を並べ、これらの後ろに四尺屏風を立てている。重硯筥は二階の下の床の上に置かれ、その概要が次の通り記されている。

　重硯筥形。（挿図4）
蒔粁金廿三兩。漆七合。磨粁六百疋。
裏塗三疋。口白鑞三斤。單功六十疋。
螺鈿粁八百六十疋。同堀粁七十疋。同
堺粁書粁九十疋。
粁木二寸半六板（八イ）尺。弘一尺二
寸。木道粁六十疋。

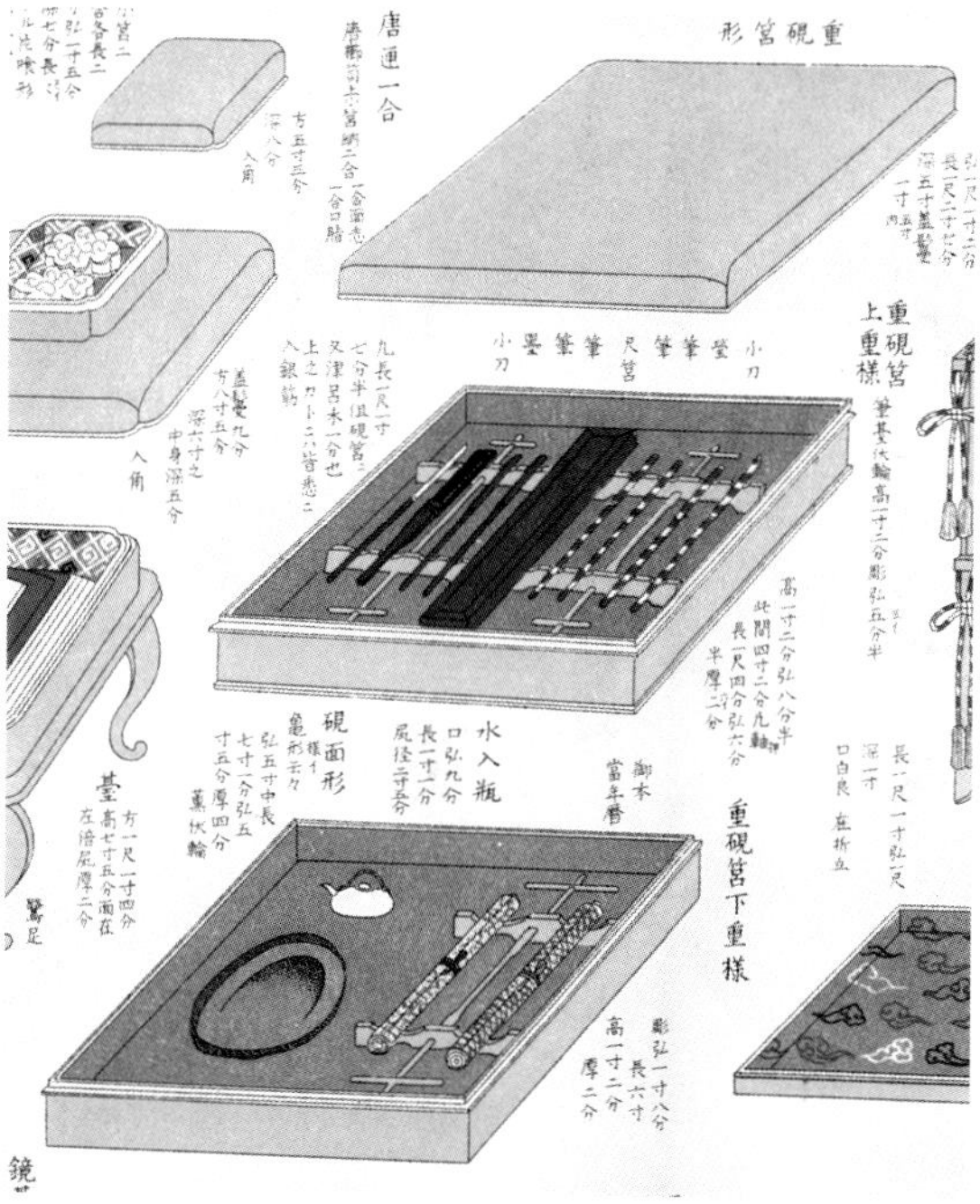

挿図4　重硯筥形　『丹鶴圖譜』国書刊行会　大正三年

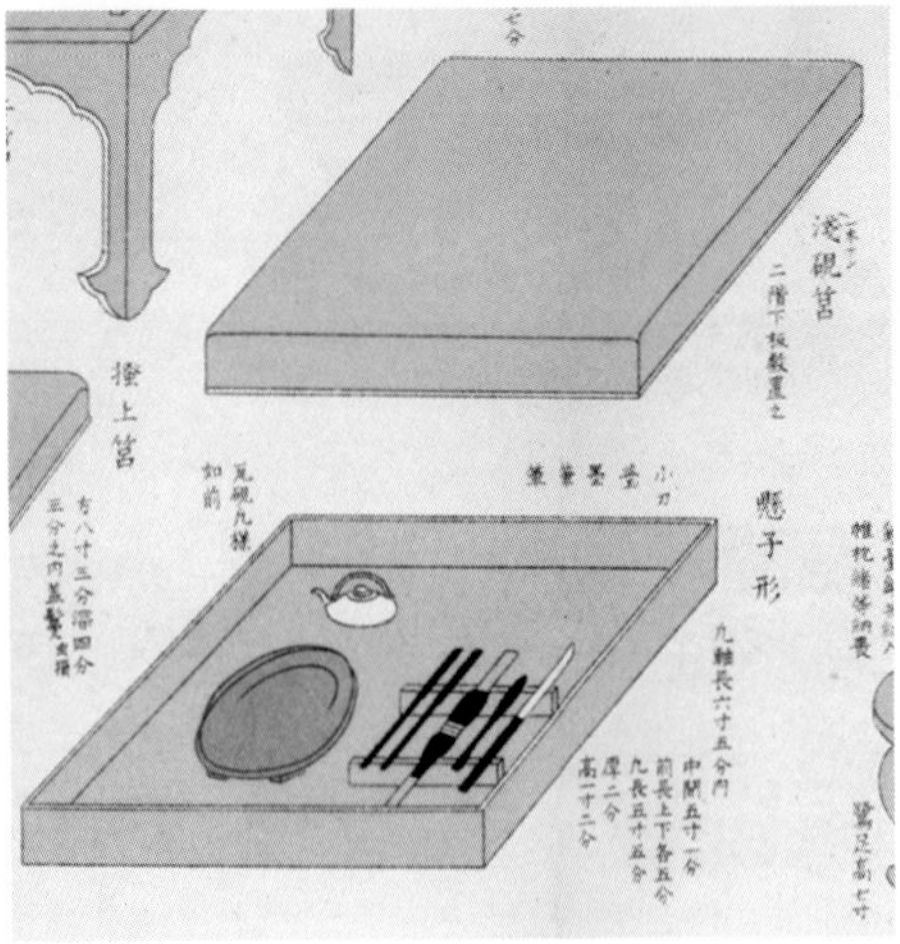

挿図5　浅硯筥　挿図4掲出書

重硯筥上重様。（指図）
筆臺。伏輪。單功百疋。硯筥。敷物細絹。承平四年。中宮御賀御調度被用之。
懸子下入之云々。
重硯筥下重様。（指図）

重硯筥は、承平四年（九三四）に中宮御賀の調度として新調されたもので、大きさは縦一尺一寸二分（三四センチ）、横一尺二寸七分（三八センチ）である。ほぼ方形の合口造で、蓋鬘《ふたかずら》は一寸（三センチ）、身の深さは五寸（一五センチ）で、合口部に白錫の置口を廻らし、身は二段重である。上段内部は中央に紫檀と牙製の物差を入れた尺筥《さしのはこ》を納め、筆台を置いて左に筆二本、墨、小刀、右に筆二本、瑩《えい》、小刀を納めている。瑩とは、瑪瑙《めのう》、犬歯、猪歯などを筆先形に削りあげて柄を付け、繊維の立ち上がった紙の表面を擦り付けて磨き、墨の滲みを止めるものである。下段は、右側に銀覆輪が施された二脚亀形硯、その上部に銀製提手水滴を置き、右の架に巻子本と当年暦を載せる。また註記に「蒔析」「螺鈿」の文字がみられるから、蒔絵と螺鈿で加飾したものであろう。

次に浅硯筥は、褻《け》の場に当たる北庇の御座の西北に立てられた二階の下の床の上に配置された。大きさは、縦一尺六分（四八センチ）、横一尺二寸二分（三六センチ）、蓋鬘九分（三センチ）、身の深さ二寸七分（八センチ）で、合口造、白錫の置口を廻らしている。懸子が付属し、左側に瓦製硯と銀製水滴、右側に筆台を置き筆二本、瑩、小刀を納める（挿図5）。身には、薄様、唐紙、檀紙を納めている。「硯筥用途」には「蒔繪析金四両」「螺鈿料四百疋」とあり、この浅硯筥も蒔絵と螺鈿で加飾されたことが知られる。

二階には、上の棚に掻上筥、泔坏を、下の棚には手筥と小火取を置いている。このうち手筥は三つの懸子を納め、それぞれ次の内容品が納められていた。

第一懸子（挿図6）は容飾具で、八花形鏡筥と小筥四個が組み合わされ、それぞれに歯黒女壺、歯黒女筆、油綿、麝香などを納める。その隣に髪掻、櫛掃、鋏を入れた長手筥、さらにその横に櫛二十枚を並べた櫛入れを納める。その隣には畳紙の上に紅粉盤、歯黒女盤、水入などを置いている。

第二懸子（挿図7）には、造紙を納める筥二個と、香を入れた小筥八個、入隅長方

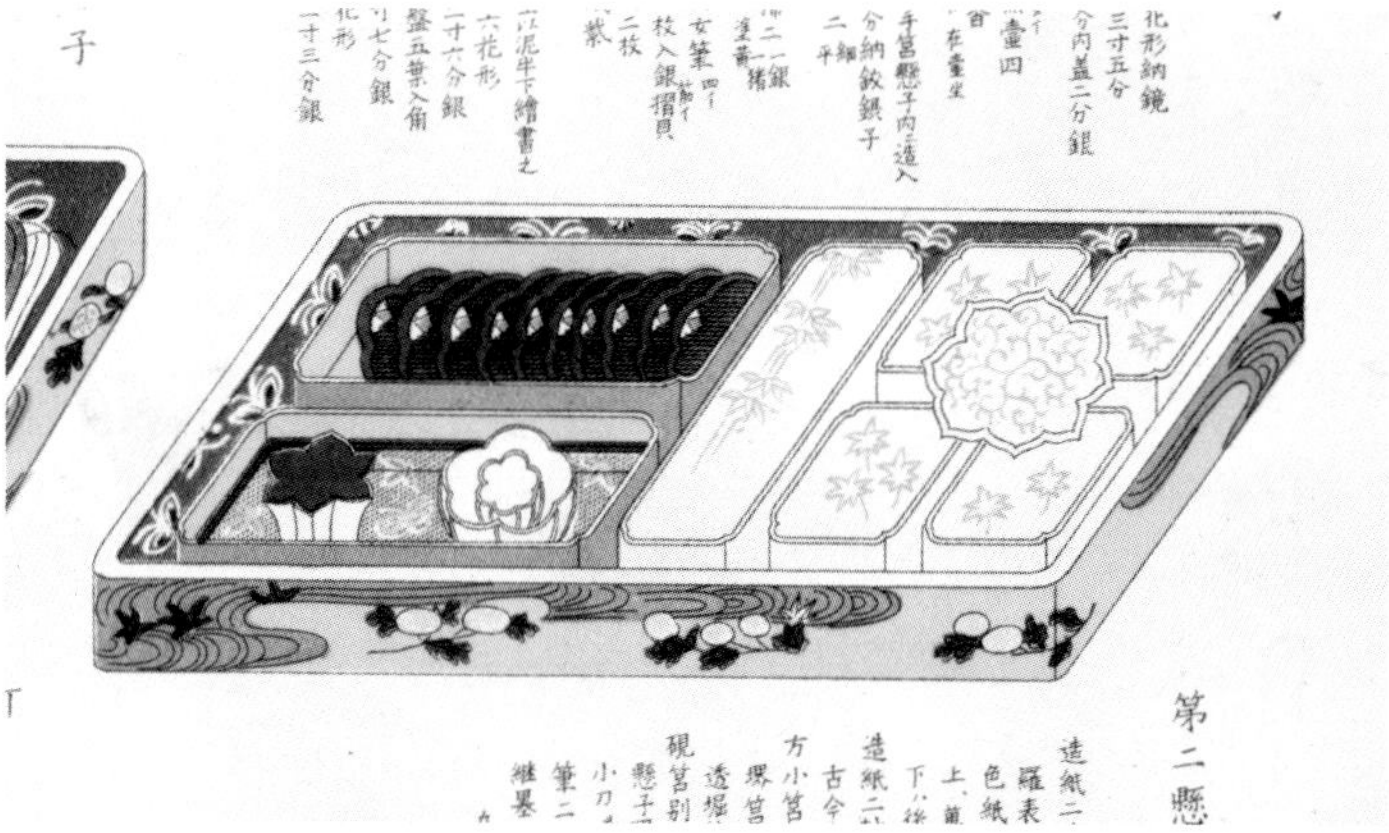

挿図6　第一懸子　挿図4掲出書

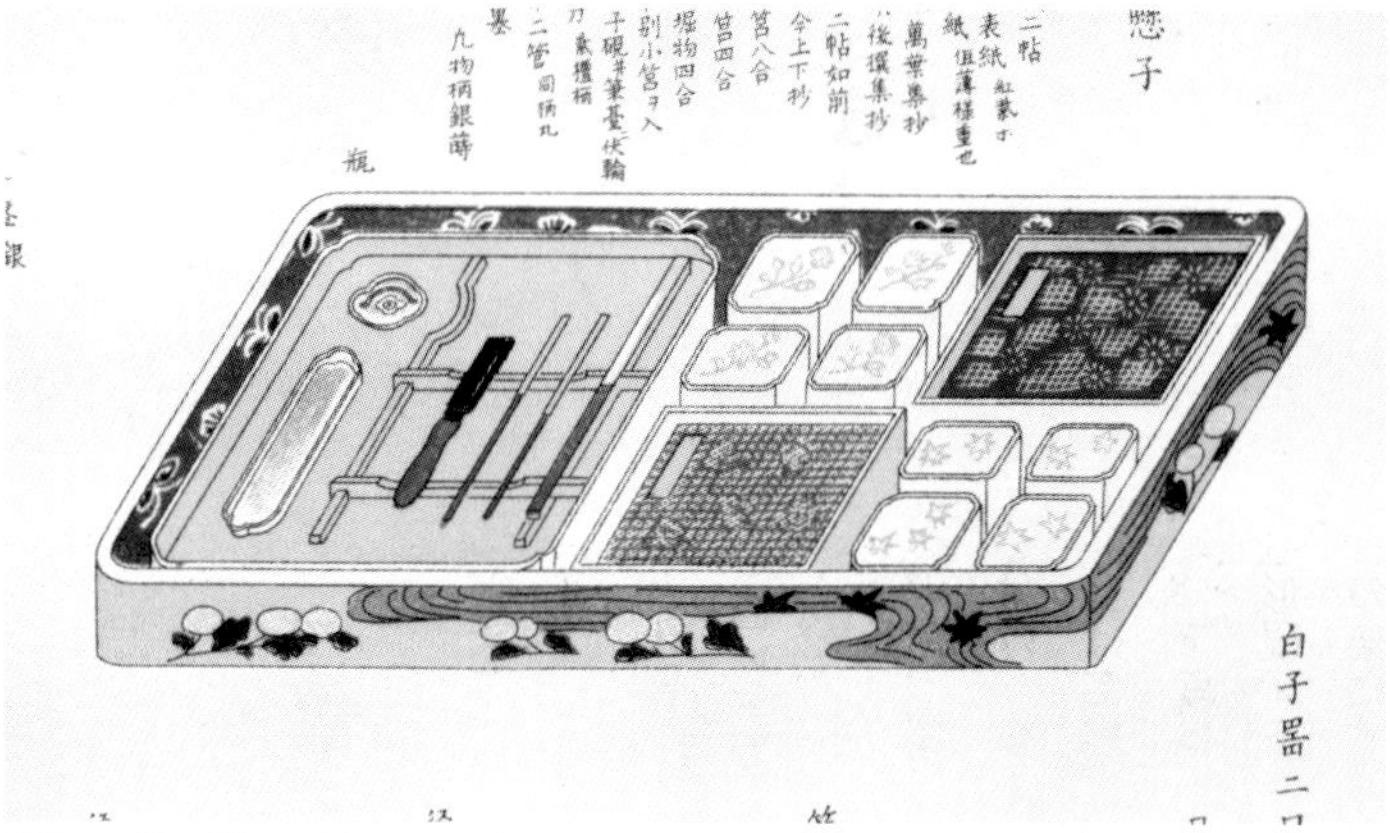

挿図7　第二懸子　挿図4掲出書

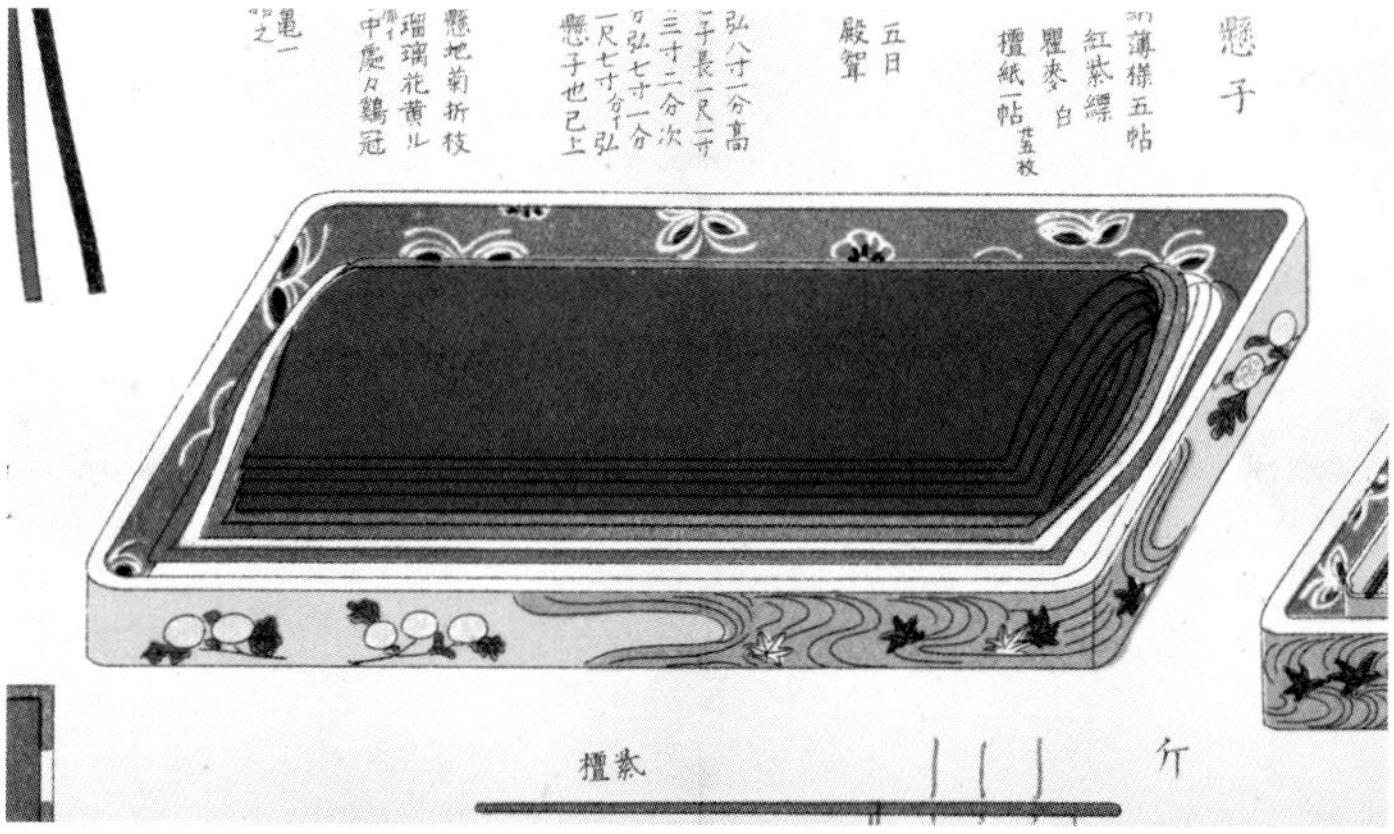

挿図8　第三懸子　挿図4掲出書

形の硯筥を納める。硯筥は、註記に「硯筥別小筥ヲ入懸子硯弁筆臺懸伏輪、小刀　筆二巻紫檀柄　継墨同柄丸　几物柄銀蒔」とあり、硯筥には小筥を納め、懸子に硯と筆台を置き、小刀、筆二本などを入れてある。

第三懸子（挿図8）は薄様五帖、檀紙一帖を納める。

身には、熨斗筥、蒔絵小筥二個、そして香具を四個の筥に入れる。

『類聚雑要抄』にみられる硯筥は、現在の大きさよりも若干大振りで、形状は方形の合口造、身は後述する筆架形式、また硯や筆の他に巻子本や薄様、唐紙なども納めるのが特徴である。また蒔絵螺鈿で加飾されていたが、その意匠の実際がみられないのは残念である。

『類聚雑要抄』の他に室礼の様相を伝える記録に『西宮記』天禄三年（九七二）の「御調度事　御厨子一雙、二階一脚、御脇息一脚、御硯筥一具、唐匣一具、御泔坏弁筥、御唾壺弁筥、打亂筥、御鏡臺、御冠筥」、

『小右記』長徳三年（九九七）十月十八日条に「螺鈿二階厨子二脚　同御櫛筥一雙、同香壺筥一合、同鏡筥、同御硯筥、薫爐」などがある。また右大臣中山忠親の日記『山槐記』応保元年（一一六一）の「三位殿（香子、歳十六）入内」に関する「飛香舎御装束事」の室礼には、「御座東立御厨子一脚、上階南居薫爐、北置硯筥、下階在筥二合、御厨子北置御手筥一合、入銀物具、懸子下入薄様等、無緒、御厨子南方置常御所料手筥、其南御硯筥、帳蓋丸硯也」とあり、厨子棚の上に薫炉、硯筥、手筥を配している。このように硯筥が室礼調度の中で重要な位置を占め、厨子や二階棚の上、或いは御座の脇に配置される室礼が十世紀に定まっていたものと考えられる。

二、硯箱の起源と形式

◎出土遺物にみる硯箱

硯箱の原初的な形態を出土遺物に窺うと、江蘇省邗江県甘泉郷姚荘一〇一号漢墓から雲気文の硯箱が出土している。前漢晩期の墓で、長方形の木製褐漆塗の硯箱に、板状の蓋が付属して身に石硯を納め、朱漆で雲気文が表されている。（註4）この他に後漢末期の楽浪郡古墳遺跡の彩篋塚《さいきょうづか》から出土した硯及漆硯台（挿図9）がある。（註5）長方形の木製漆塗で、中央部は黒漆塗、左右両端は朱漆塗としている。上板に薄い粘板岩の板硯と木製半球形磨具を嵌め込み、硯の上面に座板とほぼ同じ大きさの蓋を被せる。上板の上下縁に湾曲した立ち上がりを設け、そこに筆筒と思われる円筒形と角筒形の金銅製金具を各二本立てる。台の側面には格狭間《こうざま》

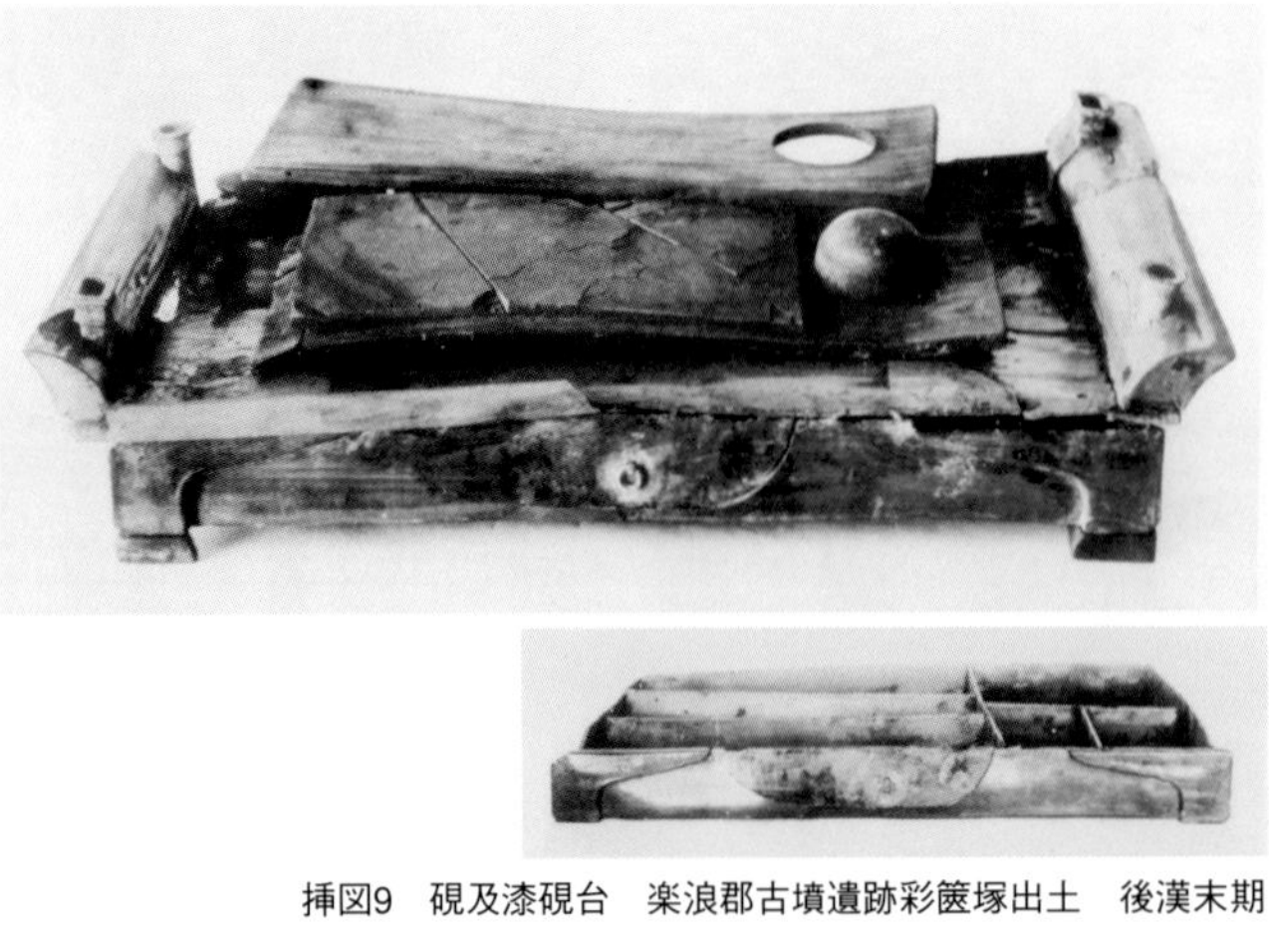

挿図9　硯及漆硯台　楽浪郡古墳遺跡彩篋塚出土　後漢末期

挿図10　漆器木製硯　新安海底遺物　十四世紀初頭
（大日本絵画刊『新安海底遺物』より複写転載）

挿図11　黒漆塗硯箱（レプリカ）
越前市指定文化財　（家久遺跡中世墓出土品一括のうち）

風の脚を付け、前面に引出しを納め、その内部は六区に仕切られている。これらが、硯箱の形態を窺わせる最古の遺品である。

　近年の中国における発掘調査報告書をみると、北宋墓から二件の硯盒が出土している。

　江蘇省無錫市興竹村無名氏墓から出土した硯盒は、「治平元宝」の銅銭及び「辛亥」「壬子」「癸丑」銘漆盤を共伴物とすることから北宋十世紀の遺跡と考えられている。残念ながら、報告書には図版がない。縦二三センチ、横一三・五センチ、高六センチの長方形木製黒漆塗で、蓋が付き、安徽省歙県の歙州《きゆうじゆう》産の石硯を納めている。（註6）

　北宋十二世紀の安徽省合肥馬紹庭・呂夫婦墓からは文具盒、硯、硯盒が出土している。文具盒は長方形の木製黒漆塗で、蓋が付き、中に墨と毛筆五本を納める。硯は、円形の黒漆塗の容器に嵌め込んだものと思われる。硯盒は、長方形の木製黒漆塗で、蓋が付き、中に歙硯を納める。（註7）

　この他に朝鮮半島西南端の全羅道新安郡智島面沖の海底から発見された新安海底遺物は、共伴物からおよそ一三二三年頃のものと推定されている。陶磁器をはじめとする約一万点以上の遺物のうち、石硯数点と漆器木製硯（挿図10）が引き揚げられた。報告書には、「漆器木製硯は三区に分けられるが、上区はC字を三つ連結した形であり、中間区は左右二条の溝をなしており、下区は硯である。このような漆器木製硯にX字形の台脚がついている。上区のC字を三つ連結した形状の内部に、水を注ぐと中

間区の溝を通って、水は硯池に流れこむようにできている」とあり、硯箱は黒漆塗の簡素な作りである。(註8)

我が国に眼を向けると、近年、日本各地で行われている低地または低湿地遺跡の発掘調査の結果、特に中世の市街地遺跡、城館跡、集落跡から通常ならば残ることのなかった木工、漆製品などの遺物が多量に出土している。管見の中から、二点の出土遺物を紹介しておく。

福井県家久遺跡（越前市）は、八世紀から十六世紀にかけての大規模な集落跡で、その礫槨墓から太刀、短刀、文箱、化粧箱、和鏡、烏帽子、白磁壺などの副葬品と共に黒漆塗の硯箱（挿図11）が出土している。方形の被蓋造で、身の左側に水滴と金銅硯を置き、右側を筆置として下水板一枚、墨、筆が納められている。この硯箱は劣化が著しく、水滴の部分に木質部が残存するのみで、漆膜の間に入った土によって外形が保持されていた。塗膜分析を行った四柳嘉章氏によれば、埋納時期は十三世紀で、下地の制作状況から判断すると廉価品であると指摘している。(註9)

近世の出土例では、伊達政宗墓から蒔絵硯箱（挿図12）が検出されている。政宗は、寛永十三年（一六三六）にその生涯を終え、生前の遺志により遺骸は青葉城の東南の越路経ヶ峯の地に埋葬された。翌十四年、二代藩主忠宗により、その上に瑞鳳殿が建てられた。昭和二十年の仙台空襲に際して焼失したため、同四十九年に再建に伴う政宗墓の学術調査が行われた。その結果、二百数十点に及ぶ副葬品が発掘されたが、文房具は石硯、墨、筆、黒漆塗筆入、文鎮、水滴、鉛筆が検出され、特に硯箱は完好な状態で出土した。硯箱は長方形の印籠蓋造で、内に懸子一枚を納め、身には下水板に銅製長方形水滴、石硯を嵌める。木製黒漆塗で梨地を蒔き、梅樹と笹を金高蒔絵で表している。下水板の補修や石硯、墨の使用度からみて、政宗の愛用品と推測されている。(註10)

挿図12　蒔絵硯箱　伊達政宗墓出土遺物　仙台市博物館蔵（瑞鳳殿出土）

◎硯箱の形式

硯箱は、文献史料や絵画資料から各種の形式の硯箱があったと考えられる。遺例によってその形態を窺うと、方形、長方形、円形があり、角の造りも角切、丸角、入隅などがあり、蓋甲も平らなもの、甲盛、極端に盛り上げたものがみられる。さらに蓋と身の構造も被蓋造、合口造、桟蓋造などがある。硯箱の形式は、荒川浩和氏が内部構造による分類を試みているので、次に要約しておく。(註11)

①筆架形式

筆架形式には桟形と枠形の二種類がある。桟形は、中央に硯を置き、そこから左右に桟を伸ばして筆架とする形式である。平安時代後期の源氏物語絵巻夕霧の段には大型の硯箱（挿図13）が描かれ、右寄りに水滴と硯を置き、左に筆二本と刀子、右に墨挟と錐か筆を置いた筆架形式と考えられる。鎌倉時代の佐竹本三十六歌仙斎宮女御図に描かれた硯箱には、中央に水滴と硯、左右に渡した筆架には筆が描かれている。このような筆架形式は平安時代からみられる古い形式である。

枠形式は、身の内側の四方に枠を廻らし、中央の下水板から左右に桟を渡して筆架としたもので、この形式は近世以降の硯箱に多くみられる。

②懸子形式

懸子形式は、一枚懸子形式と二枚懸子形式がある。二枚懸子形式は、身の中央もしくはやや左側に水滴と硯を嵌めた下水板を置き、左右に懸子を配する形式である。最古の遺品は、平安時代の洲浜鵜螺鈿硯箱

挿図13　源氏物語絵巻夕霧の段 部分　平安時代後期　国宝　五島美術館蔵

（28頁）で、身は下水板の左右の上下に受けが作られ、懸子を備えたものか、我宿蒔絵硯箱（36頁）のように蓋形式のものであったと思われる。また三條西實枝（一五一一〜一五七九）が著した有職書の『三内口《さんないく》決《けつ》』には「有懸子者。女房硯也。（略）無懸子者。男硯也。」とあり、懸子のあるものは「女房硯」、懸子の無いものは「男硯」と呼ばれていた。

一枚懸子形式は、身の左側に水滴と硯を置き、右側に懸子を納めるものである。鎌倉時代の枕草子絵詞、石山寺縁起絵、南北朝時代の絵師草紙にその形式がみられるが、作例には室町時代後期から江戸時代初期のものが多い。

③硯板

硯板は、硯の下に打敷く板のことで、平らな板上か浅い立ち上がりのある箱に、硯、水滴、筆などを置くものである（挿図14）。

④硯台

天板に低い立ち上がりを廻らし、底四隅に刳り形の足を付けた形式である。本来は蓋が無いものと思われる。硯板が和様の趣が強いのに対して、硯台は唐様である。熊野本宮大社には「寛正六（一四六五）乙酉十一月日」の年紀を持つ硯台（58頁）がある。法然上人絵伝第三十五巻には、黒漆塗の硯台に硯が置かれた様子が描かれている（挿図15）。

⑤下水板

身の内部に一枚の板を敷き、中央に水滴、硯を嵌め込み、左右の空間に筆、墨、錐などを置く形式で、近世以降の硯箱に多くみられる。

⑥琳派形式

琳派形式には光悦形式と光琳形式がある。光悦形式は、蓋甲を高く盛り上げ、内

挿図14　硯板　国宝　法然上人絵伝第三十一巻
鎌倉時代　知恩院蔵（写真提供　中央公論新社）

挿図15　硯台　国宝　法然上人絵伝第三十五巻
鎌倉時代　知恩院蔵（写真提供　中央公論新社）

部は左側に長方形の硯と水滴を嵌め込み、右側の空間を一段低くして筆置とし、右端に刀子入を刳る。舟橋蒔絵硯箱（78頁）や樵夫蒔絵硯箱（19頁）などが代表的な形状である。

光琳形式は、被蓋の蓋鬘《ふたかずら》に手掛けを刳り、身は上下二段重とし、上段の中央に長方形の硯と水滴を嵌め込む。八橋蒔絵硯箱（11頁）、立葵蒔絵螺鈿硯箱（90頁）に共通する形式で、特に後者は長方形の被蓋の蓋鬘を大きく刳り、光琳書状の「長硯箱」に当たるものと考えられる。

以上、列記した形式以外の構造を、一応変形と呼んで一括しておく。

三、意匠の特色と展開

◎平安時代の意匠

硯箱に施された意匠は、既述の通り『延喜式』に「丹硯筥」とあるのが早い史料で、続いて『西宮記』康保三年（九六六）の記録に「硯黒漆革筥」が現れる。史料に遺る初期の硯箱は、丹塗や革製黒漆塗の簡素な箱である。また中国の『宋史』巻四百九十一の日本伝に「金銀蒔繪硯一　筥一合納金硯一鹿毛筆松煙墨　金銀水瓶鐵刀」とあり、永延二年（九八八）に東大寺の僧奝然《ちょうねん》が宋の太宗へ贈った工芸品の中に金銀蒔絵硯や水瓶などが納められた硯箱の記事である。十世紀後半には、蒔絵は著しい発達を遂げている。この他の意匠を文献史料に探ると、『延喜式』に「黒漆金銀泥繪細筥」、また『西大寺資材流記帳』巻第一には黒漆經辛櫃の装飾に「以同黄繪花弁鳥蝶等形」、赤漆經辛櫃には「以金銀繪山木雲鳥等形」とあり、「花鳥蝶」や「山木雲鳥」を金銀絵で描いたものであった。金銀絵とは金銀泥絵ともいい、金銀粉を膠汁に溶いて文様を描く技法で、正倉院伝来の双鳥宝相華金銀絵鏡箱が代表的な作例で、奈良時代に盛行した技法である。

長保三年（一〇〇一）頃に成立した『枕草子』には、「硯の箱は重ねの蒔繪に雲鳥の紋」「櫛の箱は、蛮絵、いとよし」とあり、硯箱や櫛箱は雲に鳥や蛮絵の蒔絵で飾られていた。『大鏡』には「御硯の箱見たまへき。海賦に蓬莱山・手長・足長、黄金して蒔かせたまへり」とあり、恐らく『文選』巻十二の「海賦《うみのふ》」の漢詩を図様化した海賦や蓬莱山の意匠と思われ、これらも奈良時代の意匠を踏襲したものであろう。

十二世紀に入ると、『長秋記』元永二年（一一一九）十月二十一日条に「竹桐厨子一双」、同保延二年（一一三六）正月二十六日条には「有金銀蒔繪、鶴浪松」など竹桐や松喰鶴の文様が史料に登場してくる。松喰鶴は、唐鏡にみられる含綬双鸞文が変化したもので、和鏡の代表的な意匠であるが、この頃にその形が整ったものである。『山槐記』保元元年（一一五六）三月五日条には「入打平裹居衣筥、以銀蒔松鶴藤、置口是金物折立等、入蒔繪辛櫃、覆普通二重織物、鼻縿鎰緒等茜糸、蒔繪洲濱千鳥等也」と、「衣筥」は松鶴藤が銀蒔絵で描かれ、また織物を入れた唐櫃には洲浜に千鳥が蒔絵されていた。同応保元年（一一六一）四月二十二日条には「御硯筥秋野蒔繪螺鈿」とあり、十二世紀には次第に和様の意匠がしばしば史料に登場してくる。

『類聚雑要抄』巻第二の保延三年（一一三七）九月二十三日の仁和寺殿における競馬行幸に準備した「御膳」には、紫檀地に菊と鶴松を蒔絵螺鈿で装飾したものであった。この他に久安二年（一一四六）に「左衛門権佐」（民部権大輔藤原親隆とされる）の聟娶料として調進された手箱は、「沃懸地。菊折枝。捲螺鈿。葉靑瑠璃。花黄ルリ。白花貝。洲流中所ニ。鶏冠木葉流躰。盖洲流中ニ。小龜一。菊花喰形摺之」とあり、沃懸地に菊折枝文を蒔絵と螺鈿、また「洲流」に螺鈿の楓（鶏冠木）を散らしたものであった。「洲流」が、如何なるものであったかは未詳だが、春日大社の山水蒔絵箏や東京国立博物館の波に車蒔絵螺鈿手箱（挿図16）、扇面法華経、西本願寺本三十六人家集にみられる「墨流し文」「流水文」に通じる和様の意匠であろうか。

平安時代後期に至ると、唐風から脱して和歌や物語に絵画が結びついた葦手《あしで》や歌絵《うたえ》が隆盛してくる。歌絵は、歌の心栄えを絵に描かせたもの、特定の絵に基づいて歌を詠ませ画中にその歌を書き込むもの、さらにはそれらを繋ぎ合わせて元歌を想定させる判じ絵的なものである。記録に登場する歌絵の初出は、天暦五年（九五一）の『後撰和歌集』第十九別離の歌に「扇調じて歌絵」とある。[註12] 葦手の史料上の初出は、延喜二十一年（九二一）三月七日の『京極御息所歌合』に「も（裳）にしわう（雌黄）してあしで（葦手）かけり」とあり、歌合の場に用いる風流の裳に葦手を書いたもので、何れも十世紀の史料に登場している。十一世紀中頃までの葦手は、慶賀に際して用いられる装飾的な書体で、伝藤原公任筆「葦手古今集切」（挿図17）にみられるような鳥、虫、草などの形に文字を戯画化したものであった。[註13] 葦手や歌絵の早い記録は次の通りである。

たなごひのはこのふたに、
　あしでにて（『朝光《あさみつ》集』）
よるの御さうずくいれたるはこに
　あしでにて（『兼盛《かねもり》集』）
をしきのおもてに、
　あしでにて（『元輔《もとすけ》集』）
ある人の、すずりのうちに、
　あしでにかくべき歌と
　　こひ侍りしに（『能宣《よしのぶ》集』）
ならむとてのころ、

くしのはこいとをかしうして、
ふらのうたのかたに、あしでにて。
をむなぎみにとらせおきける
（『時明《ときあきら》集』）

これらは「たなごひのはこ」（手拭の箱）、「御さうずくいれたるはこ」（装束の箱）、「くしのはこ」（櫛の箱）、この他に「をしき」（折敷）や「すずり」（硯）に葦手で和歌を記したもので、工芸意匠に葦手が用いられたことを知る記事である。

藤原行成の日記『権記』長保二年（一〇〇〇）八月二十五日条には「此後依命書葉子六帖和歌、以古歌畫其意、仍書其歌」とあり、行成が藤原道長の命に依って「葉子六帖」に和歌を書した。行成は、この葉子（冊子）には古歌の意による装飾が施されていたため、その歌を書したと記している。また『栄花物語』根合巻の永承四年（一〇四九）十一月内裏歌合では、「硯の筥と覚しきに、冊子ども入れたり。歌の心ばへを題に従ひつゝ下絵に書きたり」とある。歌合の場に準備された冊子が硯箱に入れられていたが、それは「歌の心ばへ」を題にし

挿図16　波に車蒔絵螺鈿手箱　平安時代後期　　国宝　東京国立博物館蔵　Image:TNM Image Archives

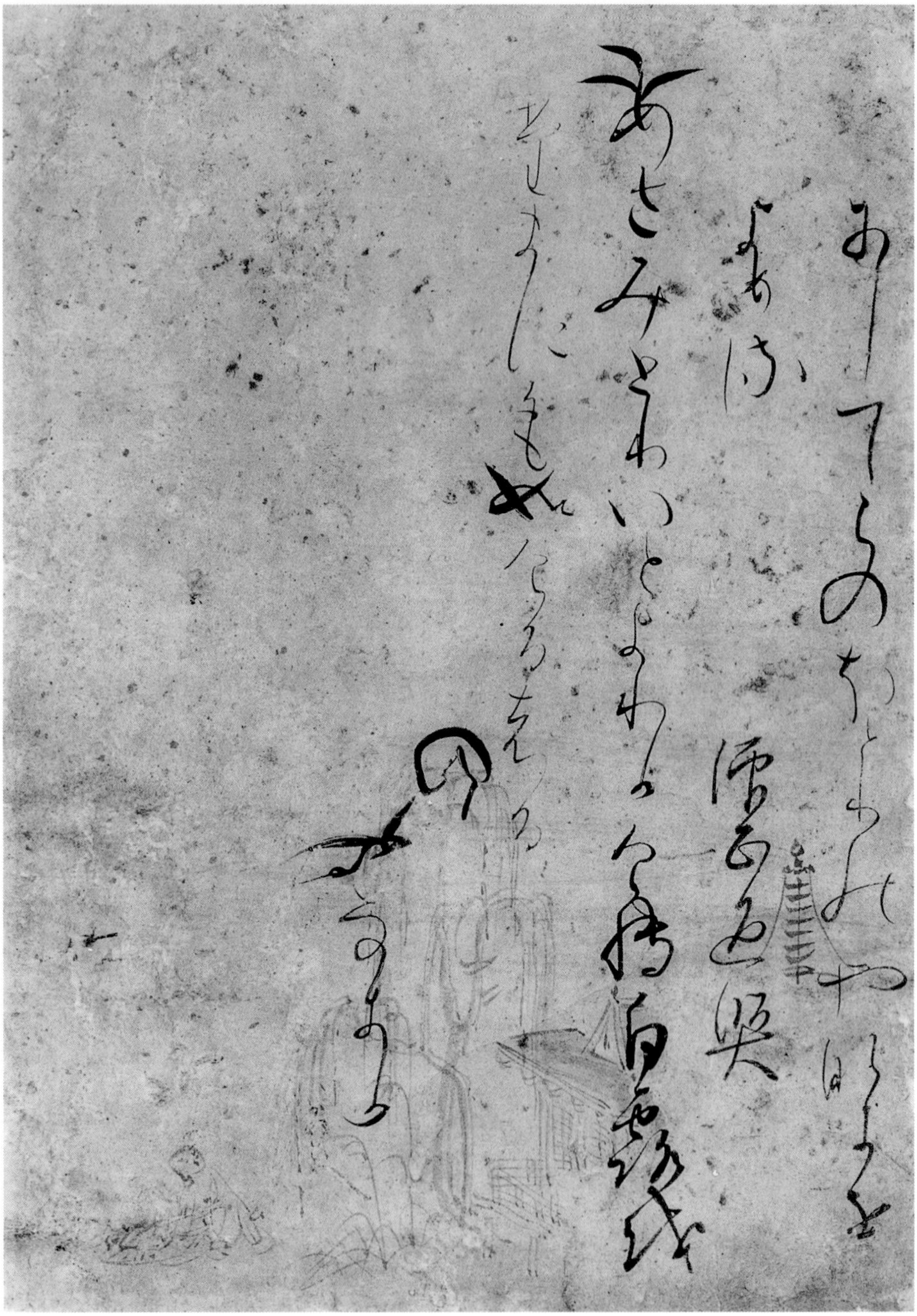

挿図17　伝藤原公任筆　葦手古今集切　平安時代後期　徳川美術館蔵

た下絵を描いたものであった。このように和歌を清書する冊子の下絵にも歌絵が描かれるようになってくる。

　十二世紀に至ると、葦手は西本願寺本三十六人家集や源氏物語、平家納経、葦手絵檜扇などにみられるように、歌集や装飾経の料紙下絵や経絵の画中の一点景として用いられた。平安時代の絵画は和歌と密接な関係があり、文字と絵の組合せに装飾的な効果が見出されると、それに葦手が結びついて衣装や調度品の意匠に登場してくる。

　中院通方《なかのいんみちかた》（一一八九〜一二三九）の『飾抄』「劔」の部、「蒔繪」の項に「寛徳三二十三土御日、従殿賜葦手劔平緒二筋。明後日侍従拝賀料也」の記事がみられる。寛徳三年（一〇四六）二月十三日、按察大納言《あぜちだいなごん》であつた源師房（土御門）の長男俊房が侍従に任ぜられた折に拝賀の料として、関白頼通から葦手剣と平緒二筋が贈られた。

　『中右記』天永三年（一一一二）十一月一日条には、摂政史實が宮中に着陣した折に「蒔繪劔、葦手紺地平緒」と、史實は葦手の蒔絵剣を佩《はい》し紺地平緒を帯びていた。このように男性貴族が、公事に際して葦手で加飾された蒔絵剣を用いた記録がみられる。

　では、硯箱にはどのように用いられたのであろうか。平信範の『兵範記』保元三年（一一五八）十月十六日条に「北母屋際立朴葦手螺鈿厨子一雙、居同火取硯筥等、置薄様擅紙々同前」とある。前関白忠通が、後白河上皇、皇后並びに二條天皇女御を宇治の小松殿に招いた際、北の母屋に葦手螺鈿の厨子一双が立てられた。その上に薄様や檀紙と同じように置かれた火取と硯箱は葦手螺鈿で装飾されていた。

　『明月記』文治四年（一一八八）四月二十二日条には、藤原俊成が撰者となって撰進した『千載和歌集』を奏覧した日の記録がみられる。ここには、「筥蒔繪自御葦手有新歌」とあり、蒔絵の箱には自筆で葦手による新歌が記されていた。この日の様相をさらに詳しく伝える史料に静嘉堂文庫本『千載和歌集』がある。これによると、「文治四年四月二十日（略）蒔繪手箱、蒔葦手、件葦手、就撰者自筆云々、和歌二首圖之」と、奏覧本を納めた手箱には葦手が蒔絵され、撰者自筆による和歌が記された。その図様は、和歌二首の歌意を表したものであった。

　『明月記』正治二年（一二〇〇）九月八日条には、「御硯龜入檀紙筥、以貝摺文字、木松、鶴蒔繪也、以組被結上」とあり、権陰陽博士安倍晴光が定家の許に訪ねた記録である。小松茂美氏は、文字は摺貝、木松・鶴が蒔絵で表されているから、この文様は葦手蒔絵であろうと推測している。（註14）ここで、注目されるのは、「御硯龜入檀紙筥」とある記事で、「御硯」「龜」（水滴）「檀紙」が入れられた「筥」が、葦手の蒔絵をされていたことである。これは、室町時代の葦手や歌絵の意匠に継承されるのである。

　平安時代の唯一の遺品に、洲浜鵜螺鈿硯箱がある。『類聚雑要抄』所載の唐匣の形状に合致する作例である。方形入隅、被蓋造で、身の左右に懸子を一枚ずつ納め、蓋表に洲浜に鵜一羽、その周辺に千鳥の群れを表す。洲浜双鳥鏡（東京国立博物館）はこれに共通する意匠で、栄治元年（一一四一）銘の藤花松喰鶴鏡（春日大社）をはじめ東京国立博物館の松鶴鏡、菊花双鳥鏡、山吹双鳥鏡、竹垣双鳥鏡などと共に代表的な和様の意匠である。

鎌倉時代の作例には、鶴岡八幡宮に伝わる籬菊蒔絵螺鈿硯箱（30頁）がある。社伝によると、後白河法皇から源頼朝が拝領し、それを鶴岡八幡宮に奉納したという。蓋表は金の沃懸地として、夜光貝で籬の中に乱れ咲く一叢の菊とその周囲に遊ぶ小鳥、土坡、下草などを描いている。これに類似した意匠が和鏡の籬菊双雀鏡（都万神社）にある。この意匠は、『陶淵明集』巻三の「採菊東籬下　悠然見南山」（菊を採る東籬の下　悠然として南山を見る）とある漢詩、『古今和歌集』巻第十二、恋歌二、紀友則の歌「我宿の菊の垣根におく霜のきえかへりてぞ恋しかりける」、『拾遺和歌集』巻第三、秋の清原元輔の歌「わがやどの菊の白露けふごとにいく世つもりて淵となるらん」などを表したものといわれ、室町時代に盛行する歌絵意匠へと展開するのである。

◎室町時代の文学意匠

◆義政五面の硯

室町時代は、平安鎌倉時代の意匠を継承して歌絵のさらなる隆盛をみる。春日山蒔絵硯箱（32頁）は、八代将軍足利義政が愛蔵した「慈照院義政公五面の硯」の一つとして古くから知られた硯箱である。蓋表には、満月に照らされた秋草の中に鹿三頭を描き、蓋裏に人里離れた茅屋の中で鹿の声を聞く人物、遠く山上で鳴く鹿を点景に描いて、見る人に情趣を誘い出すことに成功している。この意匠の特徴は、芒と女郎花の叢の中に「け」、猿捕茨の蔓に「連（れ）」、蓋裏の茅屋の女郎花の中に「盤（は）」、さらに垣根手前の秋草の中に「こと尓（に）」の文字を巧みに隠し、「山里」「秋」「鹿」は図様で表現して、『古今和歌集』巻四、秋歌上の壬生忠岑の歌「山里は秋こそことにわびしけれ鹿の鳴く音に目をさましつつ」を導き出すものである。漆工史では、和歌や漢詩、物語に因んだ蒔絵意匠を歌絵と呼び慣わしている。特に、和歌のいくつかの文字を絵の中に溶け込ませて歌意を表したものを葦手、葦手絵と呼んでいる。平安時代の歌絵は、歌の心栄えを絵に描かせたものや特定の絵に基づいて歌を詠ませたものを指し、葦手は装飾的な書体、或いは戯画化した文字のことであった。漆工史における言葉の用法とは意味を若干異にするが、ここでは漆工史の慣例に従って和歌や漢詩の意を表したものを歌絵、図様の中に歌文字を忍ばせたものを葦手絵として用いることにする。

さて、歌絵の制作に当たっては、高い文学的教養と著名歌の知識を必要としたため、絵師にとっては才智の発揮どころであった。しばしば引用される史料であるが、三條西實隆の日記『實隆公記』長亨二年（一四八八）十二月十五日条には、歌絵の蒔絵制作の場を示す記事がみられる。

件下繪披見之處、足引のこなたかなたに道はあれと此哥心也、山ヲ重々ニ書て道ヲ方々へつけて車輪一有之、件輪之下被入藥、盃、交物二居之、盃の中ニ都へいさと如此二之盃ニ分テ書之、此段餘顯著不叶上意云々、此儀勿論也、所詮愚存之分者いさと如此文字ヲ堀透テ二ノ盃ヲ被居者可然歟、此三字ニテ至極此哥露顯、又臺ノ見様も可然歟之由命之、海阿承諾、則件文字予可染筆之由申之間、雖斟酌書之遣了

宮廷絵所の土佐光信が義政夫人日野富子に献上する蒔絵盃台を制作することとなり、海阿なる使者を三條西實隆のもとに下絵を持って相談に行かせた。下絵は、『新古今和歌集』雑下、菅原道眞の歌「足ひきのかなたこなたに道はあれど都へいざといふ人ぞなき」を歌絵に描くものであった。光信の下絵は、道眞の歌の詞書によって山を幾重にも描き道を方々につけ、そこに車輪を一つとその下に「藥」、二つ盃の図様を描いて、そこに書き込む葦手文字を「都へいさと」とした。ところが實隆は、それでは直ちに歌意が露見するので、「いさと」の三文字のみで歌意は十分に表現し得ると答えたと記している。

徳田和夫氏はこの「足引の云々」の歌をめぐって、讒言により都を追われた道眞が、都へ帰還することなく西の地で果てたという『北野天神縁起』や諸文献に登場する物語の付会がされていたと指摘する。[註15] 光信の下絵には、中世後期から隆盛した天神信仰に伴って出現した『菅家瑞応録』にみられる道眞の配流説話の一場面が反映されたもので、實隆もまた道眞の太宰府での説話を知っていたため、葦手文字は「いさと」の三文字で充分と判断したのだと説明する。すると、歌絵は、歌文字や図様から原歌を解き明かす謎解きの面白さにあるのだが、これには著名歌の他に、当時流布した物語や説話、伝誦までもが享受されている。これは、室町時代の硯箱の意匠にも通じる。幸い春日山蒔絵硯箱には、次の箱書が記されている。

慈照院義政公五面硯之記
尾州様　おとこ山　みかさ山　鴻池善衛門　隅田川　久須見小兵衛
千とせ　三宅宗印
春日山　山里とも
古今秋之部　壬生忠岑
山里は秋こそことにわひしけれ
しかのなくねにめをさましつゝ

これら五面硯の所伝の信憑性は確認できないが、義政の趣向に合致した室町時代の蒔絵意匠の特色を語っている。そこで、義政五面の硯を手掛かりに、室町時代の硯箱にみられる意匠の特徴をみていくことにしよう。

◆おとこ山

尾州家伝来の「おとこ山」は、東京国立博物館の男山蒔絵硯箱（34頁）に類似した意匠であろう。この硯箱は、蓋表に山の端に月を昇らせ、岩と女郎花、菊、桔梗などの秋草を描いて「なを・代々に・男」の文字を配している。蓋裏は殿舎と一匹の狐を置き、前景に流水と岩、橘を、そこに「仰・より」、懸子には「出る・かけ」の文字を配して、『続後撰和歌集』神祇歌、後久我太

政大臣の歌「なほてらせ世々にかはらず男山仰ぐ峯より出る月かげ」を表したものである。

　男山は、京都府八幡市に位置し別名を八幡山とも称し、山頂には石清水八幡宮《いわしみずはちまんぐう》を祀る。『連珠合璧集《れんじゅがっぺきしゅう》』には、「女郎花とアラハ。（略）男山」とある女郎花の名所で、謡曲《女郎花》《放生川》の舞台となった地である。蓋裏に描かれた社殿は石清水八幡宮、手前の河は放生川であろう。

　さて、この硯箱は、後久我太政大臣の詠歌に基づく歌絵であるが、ここで注目されるのが、蓋裏の社殿に描かれた狐である。この狐は、何を寓意しているのであろうか。実は、男山の麓には合槌《あいづち》稲荷社が祀られ、この稲荷社には次の説話を伝えている。（註16）多田満仲《ただみつなか》は、三種の神器に准《なぞら》えた神剣を得るため、筑後国三笠郡土山の鍛冶を呼び寄せた。ところが、でき上がった剣が満仲の意に叶わず用いられなかったため、土山の鍛冶は石清水八幡宮に参籠し神託によって二振の剣を得ることができたという。この剣を鋳掛けた時に神が来臨して相槌をしたため、その神を祀ったのが合槌稲荷社であった。この伝説は、三条小鍛冶宗近と狐の説話を生み、さらに謡曲《小鍛冶》を成立せしめている。蓋裏の狐は、合槌稲荷とみて間違いなかろう。すると、蓋表の意匠は『続後撰和歌集』の歌意を表したものであるが、蓋裏には合槌稲荷説話をも内包している。

　ところが、この硯箱は合槌稲荷説話に止まらず、『古今和歌集』仮名序にある「おとこ山のむかしをしおもひいでて、をみなへしのひとときをくねるにも、うたをいひてぞ、なぐさめける」を本説とする小野頼風《よりかぜ》伝説（男塚女塚伝説）をも下敷きにしているのである。

　中世古今注釈書の一つである『古今和歌集序聞書三流抄』には、次の頼風伝説を掲げている。

男山ノ昔ヲ思出テ、女郎花ノ一時ヲクネルトハ、日本紀ニ云、又源氏注ニモ云、平城天皇ノ御時、小野頼風ト云人アリ。八幡ニ住ケルガ、京ナル女ヲ思テ互ニカチコチ行通フ。或時、女ノ許ニ行テ何時ノ日ハ必ズ来ント契テ帰リヌ。女待ケレドモ来ザリケレバ、男ノ八幡ノ宿所ニ行テ、問ケレバ、家ナル者、答テ云、「此程初メタル女房ノ座ス間、別ノ処ニ座ス」ト云ケレバ、女ウラメシト思テ八幡川ニ住テ、山吹重ノ絹ヲヌギ捨テ、身ヲ抛テ死ス。男、家ニ帰タリケルニ、家ノ者「京ノ女房ノ座ケルガ、帰リ玉ヒヌ」ト云。男、アハテ、追付行ニ、川ノ端ニヤマブキ重ノ絹アリ、ヨリテ見レバ彼女房ノ常ニキタル衣也。アヤシミ思フ程ニ、川ノ中ニ彼女房死テアリ。女ヲバ取揚テ供養シテ彼絹ヲ取テ帰リ形見ニ是ヲナス。男依テ宮仕ニ京ニ久シク居タリケルニ、彼絹ヲバカレガ形見ニミント思フテ此衣ヲトリニツカハシケレバ土ニ落テ朽テ女郎花トナレリ。使者、此由ヲ申ケレバ、頼風行テ見ルニ女郎花咲乱レタリ。花ノ本ヘ近クヨラントスレバ此花恨ミタル気色ニテ異方ニ靡ク。男ノケバ又起直ル。此事ヲ引テ、爰ニ女郎花ノ一時ヲクネルト書也。是ヨリシテ女郎花ヲ女ノ郎ノ花ト名ク。男思ハク、彼女生ヲカヘテダニカク吾ヲ恨ル。サレバ、彼女、我故ニ身ヲスツ。我ハカレガ為ニ身ヲ捨テ一ツ処ニ生レ合ント思テ、同ク川ニ身ヲ抛テ死ス。彼男ヲバ八幡山ノ中ニ送ル故ニ八幡山ノ中ニ男山ト云ハ彼所也。麓ニ女塚ト云ハ彼ノ女ヲ埋シ所也。八幡川ヲ泪川ト云事ハ此ヨリゾ起レリト云。哥ニ、

　イカバカリ妹背ノ中ヲ恨ミケン浮名
　流ル、涙川カナ

此哥ハ、彼二人ノ夫婦ノ恨ミノ事ヲ思テ、ヨメリ。是ヨリ彼川ヲバ泪川ト云也。

　引用が少し長くなったが、これと同じと内容が『古今和歌集頓阿序注』にもみられる。中世における『古今和歌集』の享受は、そのあり方が現代と異なり、鎌倉時代以降に生まれた古今注釈書を通して様々な解釈が行われた。つまり、『古今和歌集』の一首一首にはその背景となる説話を有し、当時の人々はその説話と和歌を一体化して享受していたのである。例えば、謡曲《女郎花》は、曲の構想や詞章が『古今和歌集』そのものではなく、中世の注釈書に依拠する小野頼風伝説に基づいていることが指摘されている。[註17] 男山蒔絵硯箱が『続後撰和歌集』を基調としながらも合槌稲荷説話をも描出し、さらに、その背景には小野頼風伝説（男塚女塚伝説）、当時流布した謡曲《女郎花》《小鍛冶》をも享受する意匠なのである。

　男山蒔絵硯箱が決して特殊な例でないことは、砧蒔絵硯箱（46頁）が『千載和歌集』俊盛法師の歌意と共に『漢書』蘇武伝に源流を発する蘇武の妻をめぐる物語を享受していることや、菊慈童の蒔絵意匠が菊慈童説話と汎称される説話群を主題とすることなど、多くの類例がみられる。

◆隅田川・千とせ

　中世文学との関わりは、『古今和歌集』だけでなく『伊勢物語』にもみることができる。久須見小兵衛が所持した「隅田川」は、その好例であろう。「隅田川」に関連する史料は、幕府御用蒔絵師の幸阿彌家十二代長救が記した『幸阿彌家傳書』に「蔦細道小硯箱　細川三斎老御所持　東山殿御物内外半平目なし地　山きし楓蔦ふたと内ひしりおひ銀ノほり物ナリ身の見付繪様角田川都鳥三ツ有銀ノほりもの繪本形有今程ハ烏丸殿ニ在之墨田川之すゝりと申ナリ」とある。この記事に類似した作例が、蔦細道蒔絵硯箱（44頁）である。この類品には、出光美術館の蔦細道蒔絵硯箱、同文台硯箱が東京国立博物館、宮内庁、遠山記念館にあり、この他に東京国立博物館には沈箱もある。特に東京国立博物館の文台天板裏と硯箱の見込みには「角田河　田付長兵衛　高忠（花押）」と蒔絵銘が記されているから、「隅田川」は『伊勢物語』九段東下りに取材した意匠とみて間違いなかろう。

　東下りの段は、在原業平に仮託される昔男が我が身を無用と思って東国に旅立ち、その道中の三河国八橋と駿河国宇津山、富士山、武蔵国隅田川が主要な場面として絵

画化されてきた。『伊勢物語』も『古今和歌集』と同様に中世においては現代と違った読み方がされ、その影響は謡曲に強く現れている。謡曲《井筒》《右近》《雲林院》《小塩》《杜若》は伊勢物語を主題としたものだが、《井筒》《雲林院》が冷泉家流の伊勢物語古注によるものであることは第一章で既述した通りである。謡曲《隅田川》は、『伊勢物語』九段と東下りの女物狂いとが重ねられ、都鳥や渡し守の情景、妻を思う業平と我が子を恋う女の情が、二重写しに描かれている。謡曲《隅田川》は『伊勢物語』に基づくより、『白氏文集』『平家物語』などの世界を背景に別次元の謡曲に創り上げられたものである。すると、蔦細道蒔絵硯箱も『伊勢物語』に取材した図様でありながら、謡曲《隅田川》をはじめとする中世文芸をも享受するのであろう。

またこの硯箱は、留守模様と呼ばれる工芸意匠にみられる独特の表現方法がみられる。『伊勢物語』東下りの段を表すのに、

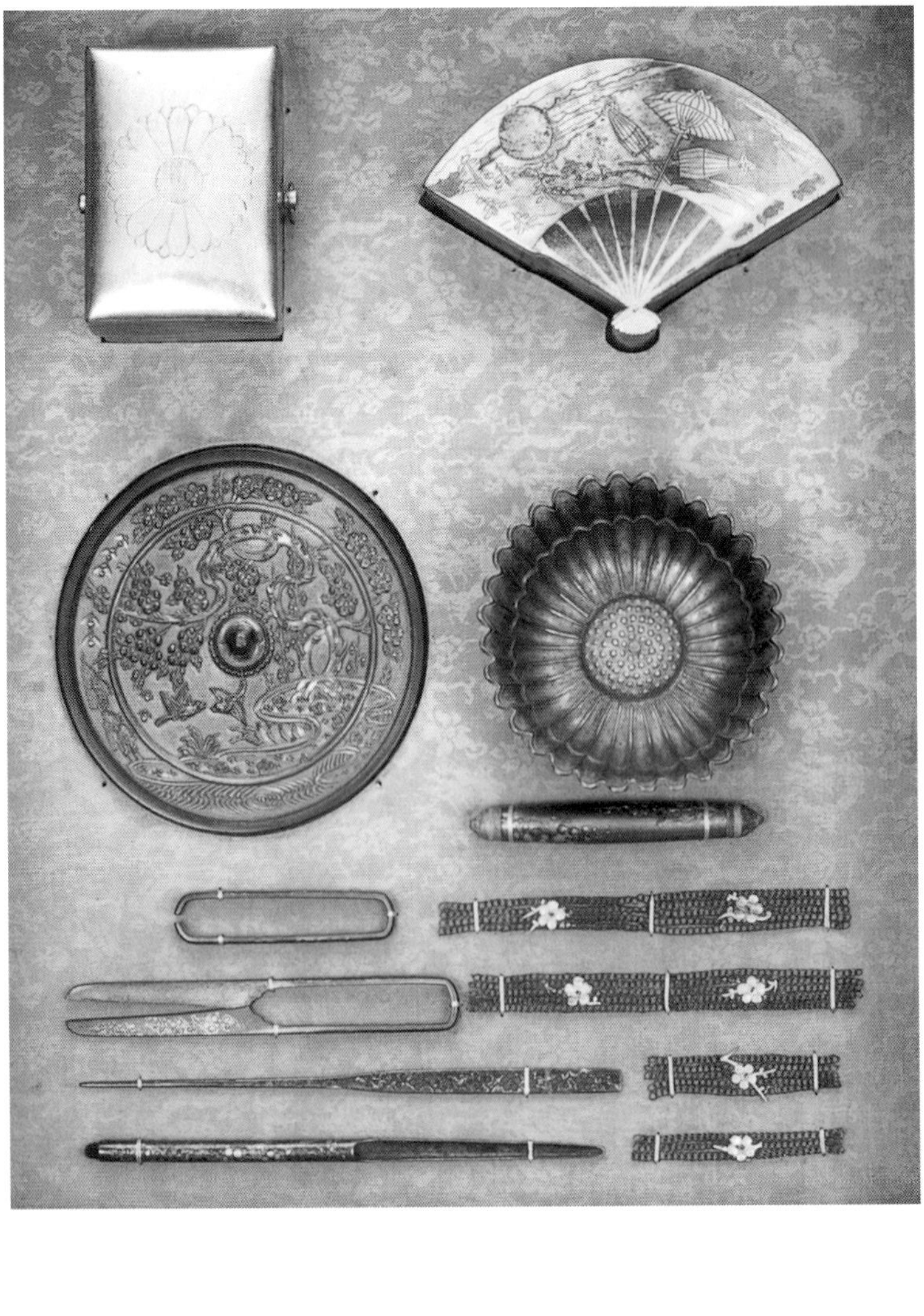

挿図18　扇形金銅箱（右上）　国宝　梅蒔絵手箱付属品　鎌倉時代　三嶋大社蔵

主人公となる業平や修験者をあえて描かずに、蔦、楓が生い茂る山道、結び文、笈、波に水鳥を描いて、そこから『伊勢物語』宇津山と隅田川の段を暗示させているのである。

留守模様と並んで、歌文字に特徴をみせるのが「千とせ」である。「千とせ」は、藤田美術館の千歳蒔絵硯箱（40頁）に似通う意匠と思われる。この硯箱は、蓋表に殿舎に網代垣、老梅樹、そこに飛翔する鶯二羽を描き、「君賀」と「千と・世」の文字を銀の平文で大きく配して、『古今和歌集』巻第七、賀歌、紀貫之の歌「春くればやどにまづさく梅花君がちとせのかざしとぞ見る」を表す。春日山蒔絵硯箱が歌文字を図中に巧に隠したのに対し、ここではむしろ目立つように慶賀の文字を表している。小松大秀氏は、前者を「字隠し絵」、後者を「装飾的な文字絵」と呼んでいる。(註18)

◆みかさ山

「みかさ山」を類推させる硯箱は未詳であるが、三嶋大社の梅蒔絵手箱に付属する扇形金銅箱に、山を描きそこに傘三本と月をのぞかせた図様がみられる（挿図18）。これは、『古今和歌集』巻第九、羇旅歌、阿倍仲麻呂の歌「天野原ふりさけみればかすがなるみかさの山にいでし月かも」を判じさせる意匠である。これに類似する図様が『扇の草子』にみられ、その傍らに先の仲麻呂詠歌が記されている。前田育徳会の祭礼草紙には、三つの山に傘と月、鹿に鳥居を飾る風流大傘を描いた図様がみられる。史料上では、明徳二年（一三九一）に足利義満が春日詣をした際、随行した日野重光の中間の直垂《ひたたれ》は「繪様金銀薄ニテ三笠山ヲ押」（『明徳二年室町殿春日詣記』）であった。「みかさ山」は、風流の意匠ともなり、『扇の草子』にも掲載され、これはまた硯箱の意匠ともなった。

風流は、元来、風景の美や幽趣、奇趣に対して用いられたが、平安中期以降は歌合、物合などの場を飾る造り物、祭礼における装束、調度、車、笠など種々の意匠を凝らし華麗に仕立てることを指した。(註19)藤原宗忠の『中右記《ちゅうゆうき》』嘉承元年（一一〇六）四月二十四日条には「車、海賦哥繪、笠、花、木（〇橘カ）鳥哥繪、風流皆古歌也」とある。賀茂祭に繰り出された風流車は海賦の意匠で装飾され、笠は花木と鳥の飾り物が置かれた風流で、これらは「皆古歌」に基づく歌絵の風流であった。

鎌倉市佐助ヶ谷遺跡の十三世紀第4四半期の遺構から漆絵小皿が出土している(註20)（挿図19）。橋の上に傘をさして立つ二羽の鷺を朱漆で描いた漆絵で、同じ図様が『扇の草子』（挿図20）にもみられ、傍らに「かささぎのわたせる橋におくしものしろきをみれば夜ぞふけにける」の歌が記されている。『中右記』の賀茂祭に繰り出された風流笠の鳥が鷺であれば、鵲の橋の歌意を表した歌絵となる。鵲の橋については、『吾妻鏡』第二十七、寛喜二年（一二三〇）六月の条に「今夜。被行鷺祭。晴賢奉仕之」とあり、鎌倉時代に鷺祭が行われたことを示す記録である。『看聞御記』永享十年（一四三八）六月十四日条に「祇薗會如例。夕立降雷鳴。（略）笠鷺雨中參。ぬれ〱舞。有其興。祿物練貫一。太刀一給」とあって、祇園会に雷鳴夕立があり雨の中を笠鷺の風流が来たが、濡れ濡れ舞の趣があったため「祿物練貫一。太刀一」を下賜したと記している。『尺素往來《せきそおうらい》』には「祇園御靈會今年殊結構。山崎之定鉾。大舎人之鵲(笠鷺)鉾」とあり、今年の祇園会風流で見事であったものは山崎衆の鉾と大舎人の笠鷺であったと伝えている。この他、月次祭礼図模本(東京国立博物館)の祇園会の場面に、鷺が片足で傘を持って橋を渡る作り物で飾られた風流傘がみられ、鵲の風流は鎌倉、室町時代へと受け継がれていた。

室町時代の風流は、小笠原恭子氏が「俗呼拍子物曰風流」(『下学集《かがくしゅう》』)と要約したように、祭礼、松囃《まつばやし》、盂蘭盆会や念仏拍に伴うのが主流であった(註21)。なかでも松囃は、正月に山から神木の松を伐り下して上層の家を訪れ、声聞師や猿楽《さるがく》者が祝言の詞を述べ、三毬《さぎちょう》打を囃し、猿楽を演じたものである。これが正月の三毬打(左義長)と混じり合った頃から、村全体が参加する集団の形式へと変質した。農耕社会においては、歳神(祖先神、田の神)の祝福なくしてその生活は成立しないから、共同体に

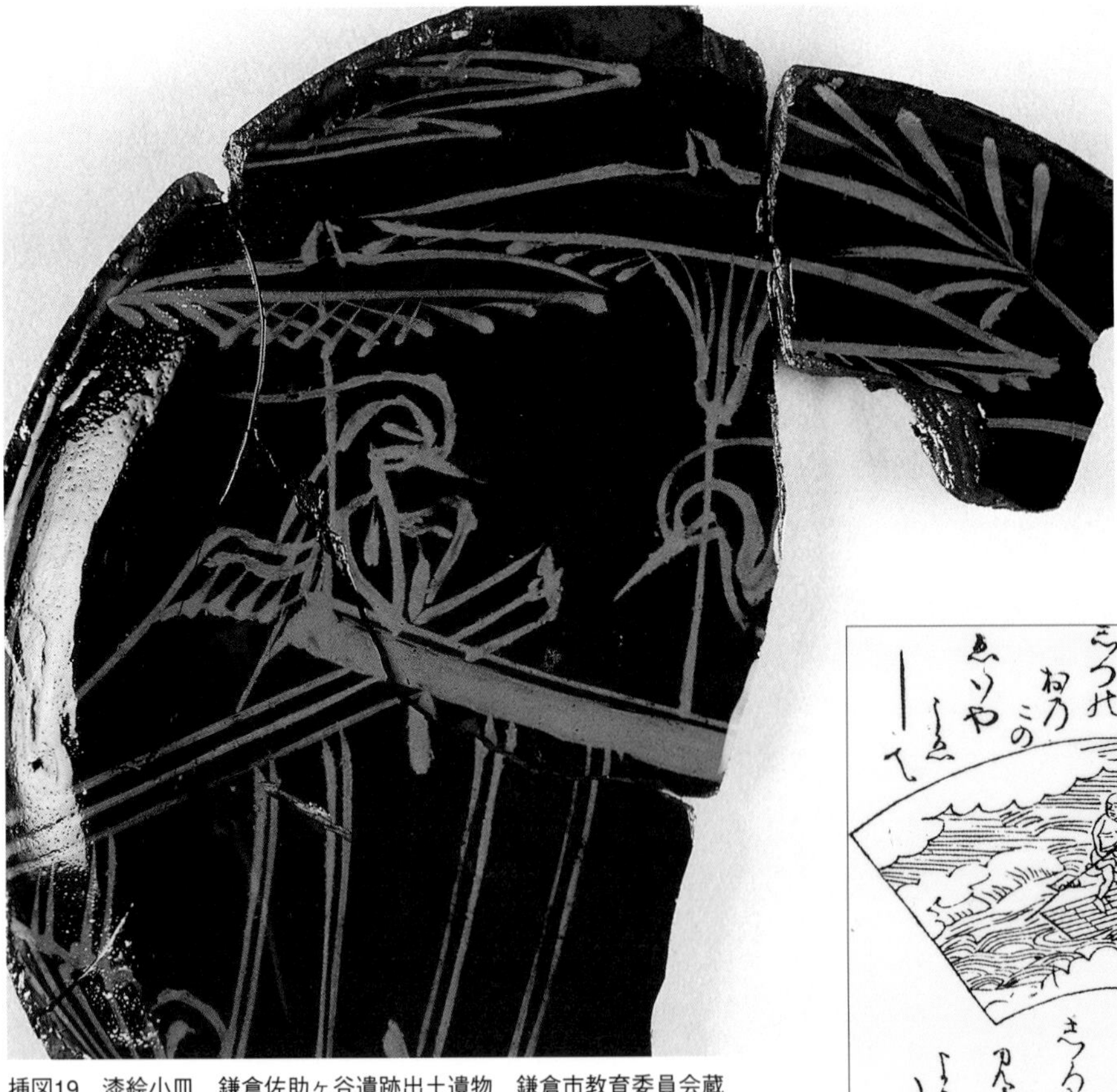

挿図19　漆絵小皿　鎌倉佐助ヶ谷遺跡出土遺物　鎌倉市教育委員会蔵

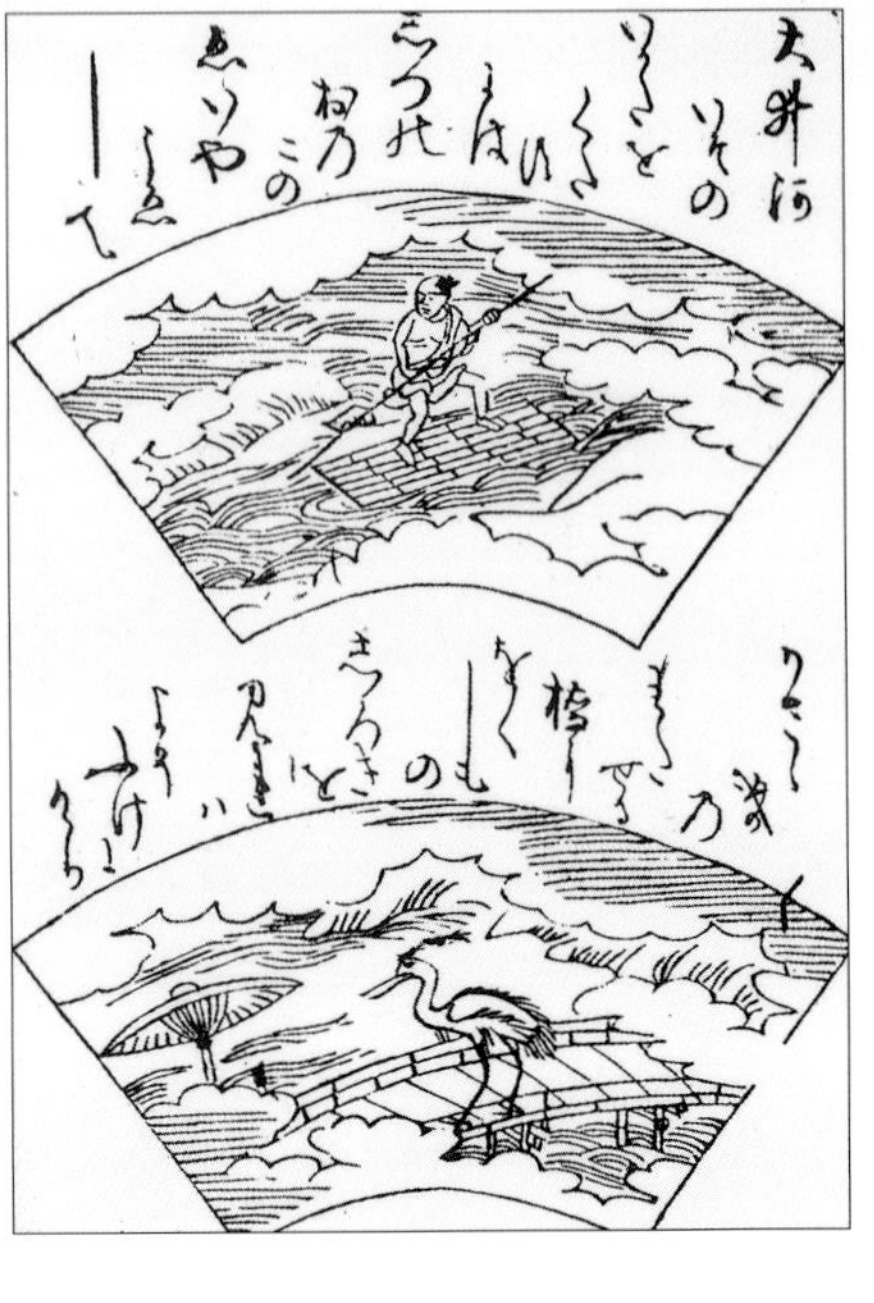

挿図20　『扇の草子』室町時代

害をなす疫病神は村をあげて送り出さねばならなかった。これが後に、芸能化して仮装行列、舞踊、猿楽や曲芸などを伴う風流となった。『滿濟准后日記』応永十八年（一四一一）正月十五日条に「夜中松ハヤシ參」とあるように、風流を上覧に供する地下《じげ》村々や地下侍の松囃の記録がしばしばみられる。『看聞御記』応永二十七年（一四二〇）正月十一日条には「松拍參犬若。猿樂如例。祿物酒肴等賜之」と、犬若が正月の松囃に参じ例年の通り祝言能を演じたため、禄物に酒肴を与えたとある。その後、「入夜松拍參。地下殿原。種々風流九郎判官奥州下向之躰。有其興。酒肴賜之」と、夜になって地下の殿原衆が松囃に参じ、風流として義経奥州下向の躰を演じたので酒肴を与えたと記している。続く十五日条には「地下村々松拍參」と、地下の山村、木守、三木、石井、舟津などの村人達が伏見御所に松囃に推参し、「布袋。大黒。夷。毘舍門等。又番匠棟上之躰」など種々の異形の物まねた風流を催し、「種々風流例年ニ超過」するものであった。この日は、「三毬杖焼」が松囃の風流と同時に催行され、「見物雑人群衆。近此結搆也」と記している。この三毬打の風流を意匠としたものが、伝光悦作の左義長蒔絵硯箱（84頁）である。この硯箱は、蓋表と蓋裏に注連縄、扇、松、竹、裏白などを描き、身には「吉書歳徳神」と書いた短冊を描いている。正月十五日に、清涼殿の東庭では竹葉を立て、扇、短冊、吉書などを下げて焼く左義長の儀式が行われている。光悦蒔絵とされる意匠が、中世の風流に連なることは注意しておくべきであろう。

　『扇の草子』は、扇絵の傍らに和歌を一首ずつ散らし書きにし、その和歌の意を扇絵として表したもので、室町時代後期から江戸時代初期にかけて流行し制作されたものである。ここに収録された歌は、勅撰和歌集などの著名歌だけでなく出典未詳、詠者未詳の伝承歌もみられ、中世後期から近世初頭に人口に膾炙《かいしゃ》された歌が多数採録されている。これはまた扇絵の見本帳ともなり、謎絵の集成、解説集でもあり、さらに蒔絵や小袖のデザイン帳ともなった。

　『扇の草子』に関わる意匠は、中世から近世初頭の蒔絵に多くみられる。七夕蒔絵硯箱（54頁）は、蓋表に流れる水に梶の葉七枚と筆一本を描き、蓋裏は中央に流水に梶の葉三枚、懸子にも流水に梶の葉二枚ずつを散した七夕の意匠である。この硯箱には、江戸時代より一具として伝えられた文台が付属し、その天板には流水に梶の葉、筆、短冊三枚を描き、短冊には「七夕にかしつる」の文字を配し、『古今和歌集』巻第四、秋歌上、凡河内躬恒の歌「七夕にかしつる糸のうちはへて年の緒ながく恋ひやわたらむ」の歌意を表したものである。サントリー美術館の『扇の絵づくし』（挿図21）には、これと同じ図様の扇がみられ、その傍らに「天の川とわたるふねのかじの葉にわがことのはをかきなかさはや」と記されている。これは、『後拾遺和歌集』巻第五、秋下、上総乳母の歌を本歌としたものである。このように和歌と絵画が交錯する『扇の草子』は、蒔絵意匠とも関わりが深いのである。

　京における風流は、応仁の乱後、次第に盆に集中しはじめ、永正も終わりに近い頃から京の町の恒例の催しとして盆前後に定着し、この頃から「風流」に代わって「躍」

と記されることが多くなった。(註22) 風流は、慶長九年（一六〇四）八月の豊国神社臨時祭礼を頂点に寛永年間に至ってその姿を消し、やがて、「かぶき」という芸能に転生していく。光悦蒔絵は、このかぶきの胎動期に登場してくるのである。

近世に至ると、天下統一を遂げた覇者の登場、『慶長見聞録』に「今が彌勒の世なるへし」と謳われた都市商業の発展、西欧人の渡来による国際的視野の拡大によって新しい意匠が生み出された。硯箱も新しい造形感覚をみせはじめる。こうした新傾向を代表するのが、幸阿彌《こうあみ》一門による高台寺《こうだいじ》蒔絵、五十嵐蒔絵、光悦蒔絵、南蛮模様などである。

幸阿彌家は室町幕府の蒔絵師職の家柄で、六代長清、七代長晏《ちょうあん》が秀吉に仕え、また幸阿彌系の工人は高台寺様式の蒔絵にも関与した。幸阿彌十代長重の時に徳川幕府の蒔絵御用棟梁となり、三代将軍家光の長女千代姫が、寛永十六年（一六三九）尾

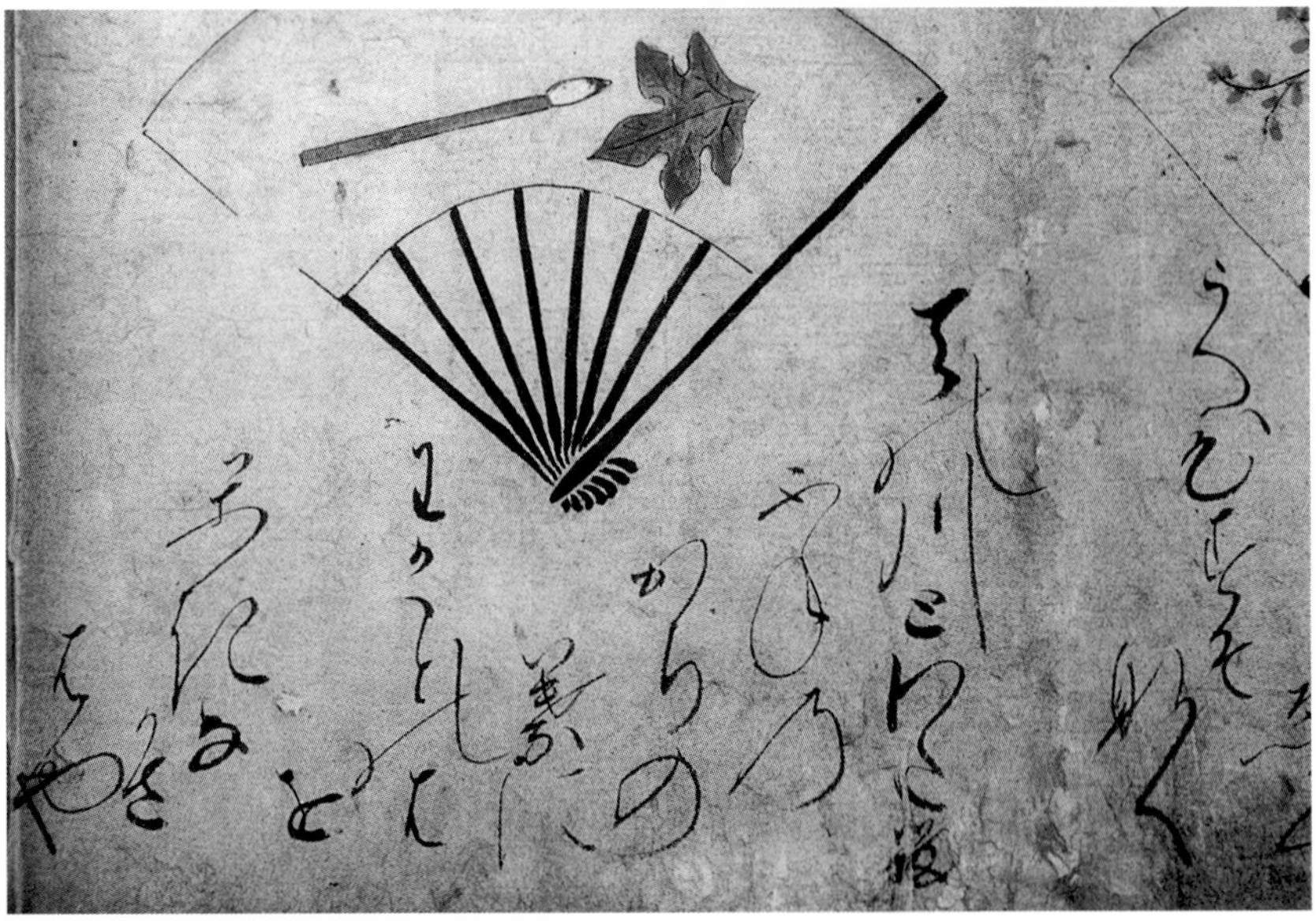

挿図21　『扇の絵づくし』　室町時代　サントリー美術館蔵

註1　野間清六「箱の文化を語る（四）」『須貴』第十号　昭和二十五年六月号、荒川浩和「硯箱」季刊『永青文庫』No.22　昭和六十二年
註2　池田亀鑑『平安時代の文学と生活』至文堂　昭和五十三年
註3　川本重雄・小泉和子『類従雑要抄指図巻』中央公論美術出版　平成十年
註4　『中國美術分類全集　中國漆器全集』第三巻漢　福建美術出版社　一九九八年　図版二五九

州家二代光友へ輿入れに際し、三年の歳月をかけて仕上げたのが有名な初音の調度（72頁）である。

蒔絵師の五十嵐家は、近世に入って甫斎が秀吉に使え、続く道甫《どうほ》父子は、小堀遠州の斡旋で加賀藩主前田利常に召されて加賀蒔絵の基礎を築いた。初代山本春正《しゅんしょう》は、和歌を木下長嘯子、松永貞徳に学んで舟木と号し、京都歌壇にその名を知られた。蒔絵に優れ、その作風は優麗にして気品に富み、世に春正蒔絵と呼ばれた。

本阿彌光悦は、室町幕府以来の刀剣の磨ぎ、拭い、目利を家職とした三長者の一つと聞こえた上層町衆の出自で、光悦が自ら手がけたか或いはその影響下に制作された一群の漆器を光悦蒔絵と呼んでいる。本阿彌をはじめ角倉、茶屋、後藤など町人達は中世的な町衆の色彩が色濃く、その中心は特権的な門閥商人であったが、延宝、貞享年間には三井八郎兵衛や紀伊国屋文左衛門など地方から都市に進出する新興町人が現れる。この時代に上層町衆の系譜に連なりながら元禄町人の風貌を併せ持ったのが尾形光琳である。光琳歿後もその様式を継承した硯箱が制作された。江戸時代も中後期に至ると、精巧な技と各種材料を駆使した小川破笠《おがわはりつ》、飯塚桃葉《いいづかとうよう》、古満《こま》家、原羊遊斎《はらようゆうさい》などが活躍する蒔絵師の時代となるのである。

最後に、硯箱の歴史を概観してきたが、特に室町時代の硯箱については、中世の文芸思潮や風流と蒔絵意匠との関わりを中心に記述した。室町時代は、庶民が生き生きと活躍した時代で、本阿彌、茶屋、後藤などの町衆の活動や風流の造形に眼を見張るものがある。しかも、町衆の中に公家達も共に暮らしていたのである。近世初頭に京を交流の場とした戦国大名や武将達にとって、公家や町衆が織り成す京の文化は依然として大きな権威であり、憧れの的であったろう。彼等は公家や町衆の介在を通して京の文化を摂取したのであって、これは琳派工芸を研究する上で重要な視点と思われ、今後の課題として考えてみたいと思っている。

註5　『楽浪彩篋塚』四五頁　朝鮮古墳研究会　昭和九年

註6　「硯盒　1件。木胎、素面。呈長方形。原有盖已毀。内外髹黒漆。内置抄手歙硯1方。通高6、長23、寛13・5糎米。」『文物』一九九〇年第三期

註7　『文物』一九九一年第三期

註8　韓国文化公報部文化財管理局『新安海底遺物』一九八三年　同和出版公社

註9　四柳嘉章「考古資料の修復と文化財科学―福井県家久遺跡・礫槨墓出土漆器の事例から―」『國學院大学博物館紀要』第二十七輯　平成十五年

註10　『瑞鳳殿　伊達政宗の墓とその遺品』瑞鳳殿再建期成会　昭和五十年

註11　註1掲出の荒川浩和論文。

註12　河田昌之「歌絵―成立と展開―」和泉市久保惣記念美術館平成七年度特別展図録『歌絵』

註13　四辻秀紀「葦手試論」『國華』一〇三八号

註14　小松茂美『平家納経の研究』研究編　講談社　昭和五十一年

註15　徳田和夫「室町文芸と説話―蒔絵意匠に探る―」『説話の講座　第六巻　説話とその周縁―物語・芸能―』勉誠社　平成五年

註16　石清水八幡宮の西中道氏より次の資料を提供いただいた。『石清水八幡宮史料叢書一　男山考古録　全』石清水八幡宮社務所　昭和三十五年

註17　伊藤正義「古今注の世界―その反映としての中世文学と謡曲―」『観世』　昭和四十五年六月号

註18　小松大秀「漆芸品における文学意匠再考」『MUSEUM』第五六四号　平成十二年

註19　尾形龜吉「時代性格表現としての王朝末風流藝術」『文學』第五巻第七号　岩波書店　昭和十二年

註20　『神奈川県鎌倉市佐助ヶ谷遺跡発掘調査報告』佐助ヶ谷遺跡発掘調査団　平成五年

註21　小笠原恭子『芸能の視座―日本芸能の発想―』桜楓社　昭和五十九年

註22　註21掲出書

硯箱の基礎知識

各部名称

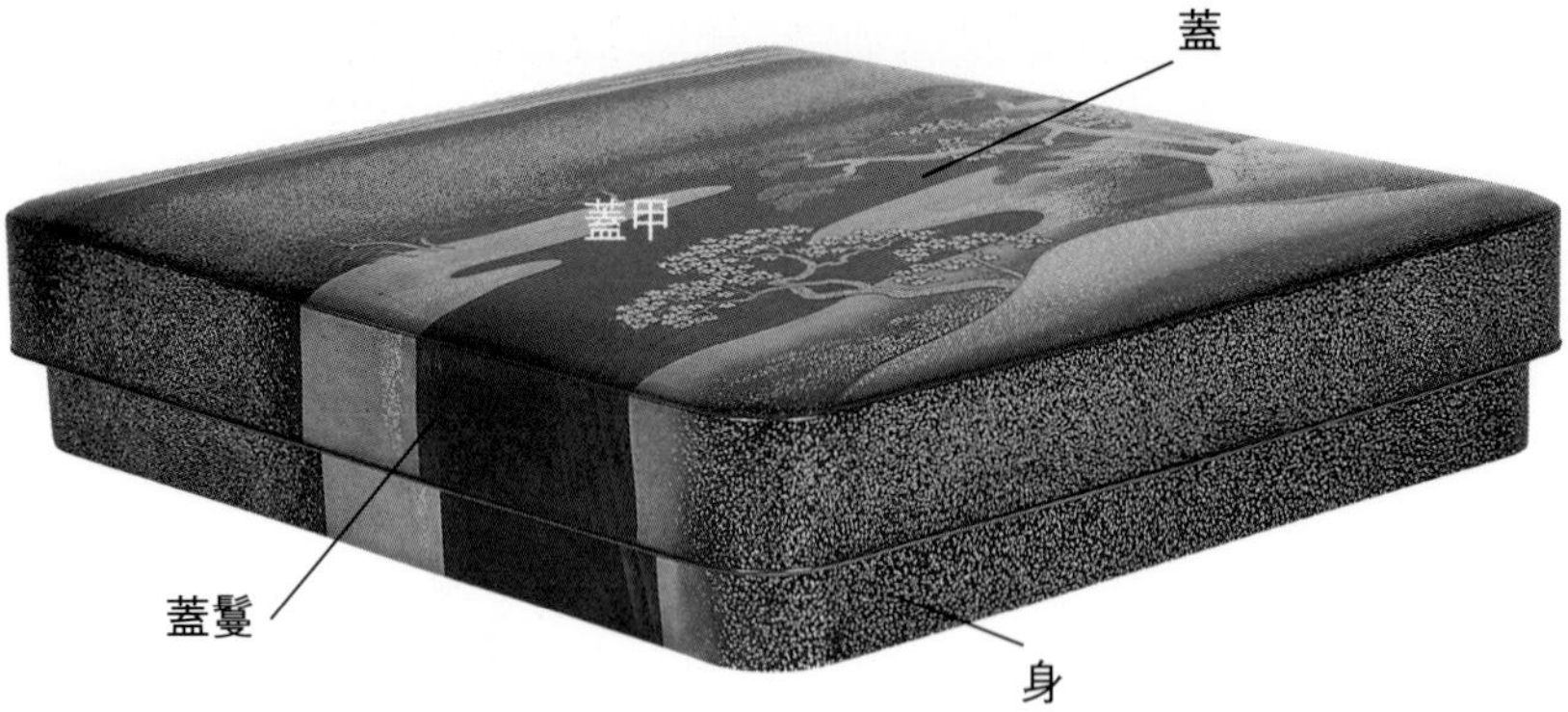

▼硯【すずり】

墨を磨って書画の揮毫《きごう》に供する用具。墨を磨る石を硯、研、或いは硯台と称した。形状は、方形、長方形、円（猿）面硯、風字硯、動植物を象《かたど》ったものがある。唐時代には澄泥《ちょうでい》硯などの良質の瓦硯が作られたが、端渓《たんけい》硯や歙州《きゅうじゅう》硯の原石がはじめて採掘され、石硯が次第に普及した。宋時代には、名石を用いた石硯が流行した。日本では、平安初期には「すみすり」（『和名類聚抄』）と呼ばれたが、『源氏物語』『枕草子』に「すずり」とあり、以後はこの語が広く用いられた。

▼筆【ふで】

墨や絵具を含ませ書画を制作する用具。中国古代では甲骨、金石などに刻した刀筆らしきもの、土器に描かれた文様や符号から毛筆のあったことが判明する。現在最古の毛筆は、湖南省長沙《ちょうさ》戦国墓（前三世紀）から出土した一枝で、獣毛を束ねて軸先に挿入し、その上から糸でくくったものである。後漢以後、紙の普及に伴い筆の用途や製法はさらに進歩した。日本では、正倉院宝物に唐式の筆十七枝（六世紀）が伝えられている。

▼下水板【げすいいた】

硯箱の底に敷く板。身に固定するものと、落とし込むものがある。この板を切り抜く、または刳るなどして、硯や水滴を嵌め込み、動かないよう固定する。

▼刀子【とうす】

小型の刀、すなわち「こがたな」のこと。奈良時代、木簡の表面を削って再利用するために用いた。正倉院には、把《つか》に水牛や犀《さい》角を用いた刀子がある。鎌倉時代の離

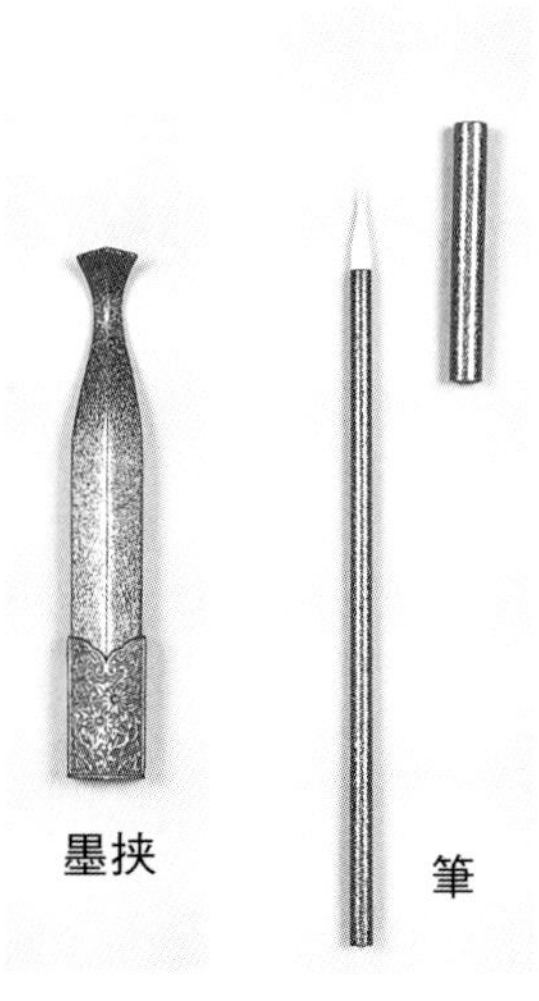

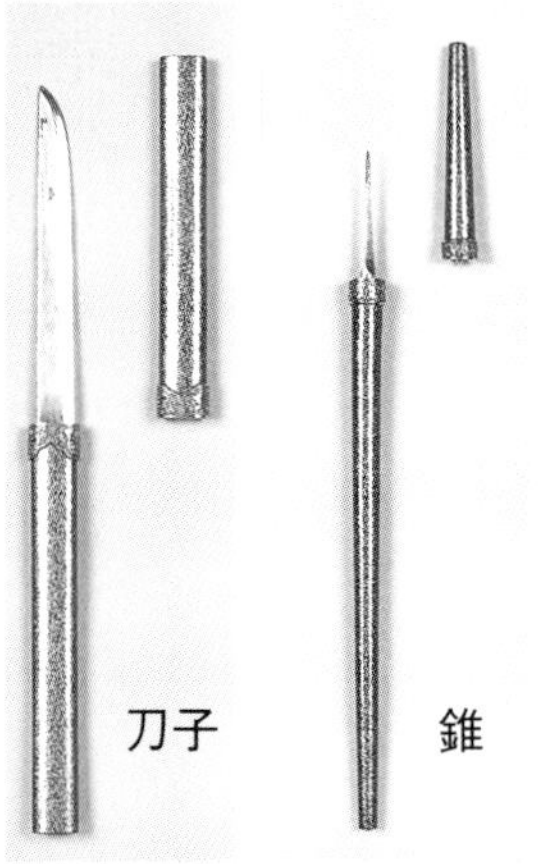

菊蒔絵螺鈿硯箱に付属する刀子には、銀製菊花文彫の把と鞘を具えている。

▼墨挟【すみばさみ】

墨柄《すみづか》に同じ。墨が短くなった時、手が汚れないよう墨を挟んで磨る道具。木、竹などで作り、蒔絵を施したものもある。

▼墨【すみ】

松や植物油などを燃焼させて生じる油煙を膠《にかわ》などで練り固めたもので、これを硯で磨って墨液をつくり、書画の揮毫に供する。古代中国の墨は軟らかい墨丸で、硯と棒石で磨り潰した。漢時代に固形墨が生まれ、六朝から唐代に製墨技術が進歩した。日本には、推古天皇十八年（六一〇）に高句麗《こうくり》の僧曇徴《どんちょう》が紙墨の製法を伝えたという。正倉院には奈良時代の墨のほか、唐墨《からすみ》や新羅《しらぎ》の墨がある。

▼水滴【すいてき】

硯に水を入れる容器。中国では、この他に水盂《すいう》、水注、硯滴、水中丞、水罐、蟾蜍《せんじょ》とも呼んだ。日本では、平安初期に「すみすりかめ」（『和名類聚抄』）と呼んだ。水滴は、中国で文机などに置かれたが、日本では硯箱に筆や墨と共に納められた。『兵範記』仁安三年（一一六八）三月三十日条に「水入」が納められた記事があり、平安時代以降、水滴は硯箱に納められるのが主流となった。

▼錐【きり】

絹、紙などに穴をあける道具。『類聚名義抄』には「キリ　ヤサキ」とあり、先の鋭く尖った鉄製の棒で柄を付して用いる。

形状

▼被蓋造【かぶせぶたづくり】

箱の蓋と身を合わせる構造の一種。蓋が身よりも大きく、身を覆い隠すように造られている。なお蓋の側面を蓋鬘《ふたかずら》という。

▼合口造【あいくちづくり】

箱の蓋と身を合わせる構造の一種。蓋と身の合わせ部が同一平面となる構造をいう。印籠蓋造の合口造の一種であるが、この場合は口縁《こうえん》内部の身の立ち上がりが高いものをいう。

▼二段重【にだんがさね】

身を二段重に造った構造。上段に硯と水滴を納め、下段を紙や小物入れとする。伝統的な硯箱や光悦蒔絵には見られず、光琳独自の創案と思われる。

▼掛硯【かけすずり】

硯箱の一種で、掛硯箱ともいう。持ち運べるように天に釣手が付けられ、内部には懸子や引出しを納めて書類や金銭を入れた。硯箱を兼ねた手文庫として座右に置いた。

被蓋造

合口造

二段重

掛硯

形式

筆架形式

▼桟形式

硯の左右に桟《さん》を伸ばして筆架《ひっか》とするもの。平安時代からみられる古い形式で、源氏物語絵巻夕霧の段には、この形式の硯箱が描かれている。

▼枠形式

下水板《げすいいた》の左右に桟を伸ばして筆架とし、さらに身の内側の四方に枠を廻らしたもの。この形式は近世以降の硯箱に多くみられる。

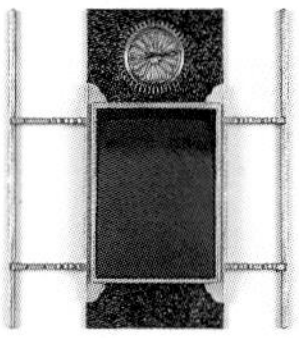

懸子形式

▼二枚懸子形式

下水板に水滴と硯を嵌め、その左右に懸子を配するもの。能因本『枕草子』九段には「ふたつ懸子の硯のいとつきづきしう蒔絵のさまも態らねどをかしうして」とあり、平安時代から用いられた古い形式である。

▼一枚懸子形式

身の左側に水滴と硯を置き、右側に懸子一枚を納めるもの。鎌倉時代の枕草子絵詞、石山寺縁起絵にその形式が描かれている。室町後期から江戸初期の作例が多い。

琳派形式

▼光悦形式

光悦蒔絵にみられる独特の形式で、身の左側に長方形水滴と硯を嵌め、右側を一段低くして筆置とし、右端に刀子入《とうすいれ》を備えるもの。

▼光琳形式

光琳蒔絵にみられる独特の形式で、蓋《ふた》鬘《かずら》に手掛けを刳り、身は二段重とし、上段に長方形水滴と硯を嵌め込んだもの。

用語解説

▼青貝［あおがい］
螺鈿《らでん》の材料に用いる夜光貝、鮑貝などの総称。厚貝を用いたものを螺鈿と呼び、薄い貝を青貝と呼びわける場合がある。　⇒螺鈿

▼青金［あおきん］
焼金（純金）に対して金に銀を混ぜた合金をいう。やや青味を帯びるところからその名がある。

▼葦手［あしで］
日本の装飾文様の一種。十一世紀中頃までは和歌を書くための特殊な書体であった。十二世紀以降は、装飾的なモティーフとして料紙下絵や経絵などに用いられ、水鳥、葦、岩、水流など水辺の景物に文字の形をなぞらえる形式が生まれた。中世には、絵画の中に歌文字を組み込み、文字と絵画を組み合わせて一首の和歌を表す謎絵的なものを葦手または葦手絵と呼ぶ。

▼飯塚桃葉［いいづかとうよう］（？～一七九〇）
江戸後期の蒔絵師。初名を源六といい、桃葉または観松斎と号した。宝暦十四年（一七六四）、十代徳島藩主蜂須賀重喜に召し抱えられ、寛政二年（一七九〇）に歿するまで重喜と治昭の二代に仕えた。二代桃葉は、初代の歿後にその跡目を継いで桃葉と改め観松斎を号した。

▼沃懸地［いかけじ］
地蒔の一種。金銀の鑢粉《やすりふん》を密に蒔き詰めた地蒔を指し、そそぎかける意からこの名称がある。近世になると蒔絵粉の形が整い、金地、粉溜地、金溜地とも呼ばれるようになった。　⇒金地

▼五十嵐家［いがらしけ］
江戸時代の蒔絵師の家系。初代五十嵐信斎が足利義政に仕えたとされるが、それを裏付ける史料は未詳。近世に入って甫斎が秀吉に仕え、その子道甫と二代道甫父子が加賀藩主前田利常に召されて金沢に赴き、加賀蒔絵の基礎を築いた。　⇒加賀蒔絵

▼歌絵［うたえ］
和歌の意を表した絵画。和歌を素材とした判じ絵的な絵画や、和歌の意を描き出したもので、歌を画中に書き込む場合もあった。後世、和歌の一部を図様に取り込み歌意を暗示させる「葦手歌絵」が硯箱の意匠に用いられた。

▼上塗［うわぬり］
下地を施した上に漆を塗ることを一般に上塗という。その工程には、下塗、中塗、上塗があり、上塗には塗り放して研磨しない花塗《はなぬり》と研磨を行う蠟色《ろいろ》塗、その他に種々の変わり塗がある。

▼絵漆［えうるし］
蒔絵の下描きに用いる漆。生漆に弁柄を混ぜて赤味のある色調にしたもので、金粉の発色を鮮やかにする効果がある。

▼絵梨地［えなしじ］
蒔絵技法の一種。文様部分に地蒔の梨地を用いたもの。色彩に変化を与える効果があるため、花や葉の表裏、片身替りなどに用いた。高台寺蒔絵の技法的な特徴である。　⇒梨地、高台寺蒔絵

▼尾形光琳［おがたこうりん］（一六五八～一七一六）
江戸中期の画家。通称市之丞、名は惟富《これとみ》、伊亮《これすけ》、方祝《まさとき》、号は積翠、澗声、道崇、寂明、青々。京の富裕な呉服商雁金屋に生まれ、はじめ狩野派の画法を学び、後に光悦や宗達の芸術の復興を志し、琳派様式を大成した。代表作に国宝・燕子花図屏風（根津美術館）、国宝・紅白梅図屏風（ＭＯＡ美術館）がある。

▼小川破笠［おがわはりつ］（一六六三～一七四七）
江戸中期の蒔絵師。俗称を平助、字を尚行といい、宗羽、宗宇、笠翁、夢中庵、卯観子などと号した。元禄年間に松尾芭蕉門下にあって服部嵐雪、宝井其角《たからいきかく》と交わり俳諧師を志し、絵は英一蝶に学び、陶器にも手を染め、漆芸は蒔絵に陶片、堆朱、螺鈿、鼈甲などを埋め込んだ異色あるもので、「笠翁細工」と呼ばれた。

▼置口［おきぐち］
硯箱、手箱などの蓋と身の合口の周縁を銀、錫などで覆ったもの。

▼加賀蒔絵［かがまきえ］
加賀国（石川県）金沢で制作される蒔絵。江戸初期に五十嵐道甫が前田利常の招きで金沢に赴き基礎を築いた。後に門人の庄兵衛、宗兵衛が五十嵐を名乗ることを許され、加賀蒔絵の発展に貢献した。⇒五十嵐家

▼描割［かきわり］
蒔絵技法の一種。図様の境界線を表す場合、その部分だけを残して漆を塗り、金粉を蒔きつけて細線を表す手法をいう。

▼懸子［かけご］
箱の内側に嵌め込む浅い小箱。一揃いの器具を納める場合、押し潰さないように二重、三重にした容納器。

▼金貝［かながい］
蒔絵装飾の一種。金、銀、錫などの金属の薄い板を文様に切って、漆面に貼り付けるもの。奈良時代に盛行した平文《ひょうもん》、平脱《へいだつ》の流れをくむ。

▼切金［きりかね］
蒔絵装飾の一種。金、銀の薄い延べ板を細かく方形、三角形、短冊形、不整形などに切って貼り付ける技法。蒔絵に併用される場合は雲霞、土坡、岩などに貼り付ける。截金とも書き、本来は絵画や彫刻に用いた技法である。

▼金地［きんじ］
地蒔の一種。金粉を密に蒔いたもののことで、金溜ともいう。近世以降、沃懸地《いかけじ》に替わり金地の呼称が多く用いられた。⇒沃懸地

▼黒漆［くろうるし］
彩漆の一種。透漆に胡麻油か菜種油の油煙である掃墨を混ぜて作った黒色の漆。近世以降は、鉄分の酸化を利用して黒色に仕上げる蠟色《ろいろ》漆が行われた。

▼下水板［げすいいた］
硯箱の内底に敷く板。

▼幸阿彌家［こうあみけ］
室町幕府、江戸幕府に仕えた蒔絵師の家系。初代道長《どうちょう》が足利義政の近習となり、二代道清《どうせい》以降の室町幕府の御

用語解説

用蒔絵師を務めた。七代長晏《ちょうあん》は秀吉、家康、秀忠に仕え、十代長重《ちょうじゅう》の国宝・初音蒔絵調度（徳川美術館）は近世婚礼調度の代表作である。

▼高台寺蒔絵［こうだいじまきえ］
近世初頭の蒔絵様式。京都東山・高台寺の秀吉夫妻を祀る霊屋内陣と同寺に伝来する秀吉夫妻所用の調度品とが共通するところから、その蒔絵様式を指して呼ぶ。平蒔絵に針描、絵梨地などの簡易な技法で秋草などを近接拡大的に華やかに表し、これに菊桐紋を配した意匠が多い。

▼光琳波［こうりんなみ］
尾形光琳の創始した装飾的な波模様。光琳歿後に光琳波、光琳梅、光琳松、光琳菊などの光琳模様が流行し、小袖、蒔絵、陶器、菓子などに用いられた。但し、光琳模様は、光琳と関係のない呉服商や出版業者によって作り出されたものである。⇒尾形光琳

▼古満家［こまけ］
徳川将軍家の御抱蒔絵師の家系。初代休意（一六六三歿）は三代将軍徳川家光に召されて蒔絵師となる。二代以降も蒔絵に携わり、幕末まで十一代続いた。

▼雌黄［しおう］
硫化砒素による黄色の顔料。現在では、石黄、石雌黄と呼ばれる。古代から顔料として使用されてきた。

▼肉合研出蒔絵［ししあいとぎだしまきえ］
蒔絵技法の一種。高蒔絵と研出蒔絵を併用して、高蒔絵の肉上《しあ》げした部分からなだらかな傾斜ができるよう仕上げたもの。山や土坡の裾、雲霞などを表すのに用い、高度な技術が要求される。

▼下地［したじ］
素地を整えて堅牢にするために施すもの。漆に地粉《じのこ》、砥《との》粉《こ》、炭粉《すみこ》を混ぜた漆下地、膠下地、渋下地、糊下地などがある。

▼七宝［しっぽう］
金属の素地に凹を作り、そこにガラス質の釉を焼き付ける工芸の一種。

▼朱漆［しゅうるし］
赤色系の彩漆。透漆《すきうるし》に天然の辰砂を混ぜるが、現在は硫化第二水銀を用いることが多い。朱の顔料には、色味によって本朱、洗朱などの種類がある。この他に弁柄をまぜた弁柄漆がある。

▼透漆［すきうるし］
漆の樹液（生漆）を、ナヤシと呼ぶ撹拌とクロメと呼ぶ除水によって精製した漆のこと。

▼素黒目漆［すぐろめうるし］
生漆を撹拌しながら一定の水分を除き、半透明にした漆。

▼象嵌［ぞうがん］
工芸品の加飾技法。主に彫金法の一種で、金属に文様や文字を刻み、そこに金、銀、鉛など他の材料を嵌め込む技法。漆器、木工、陶磁器などにも使われる。象嵌材には、貴石、貝殻、牙角《げかく》などもある。

▼高蒔絵［たかまきえ］

蒔絵技法の一種。高上漆や炭粉、錫粉などで文様部を高く盛り上げて、平蒔絵と同じ手法で仕上げたもの。

▼田付長兵衛［たつけちょうべえ］　生歿年不詳

江戸時代の京都の蒔絵師。伝統様式の作風で知られ、代表作に蔦細道蒔絵文台硯箱（東京国立博物館）がある。貞享元年（一六八四）序『雍州府志《ようしゅうふし》』に「蒔繪五十嵐田付山本等為近世之巧手」とあり、江戸前期から田付一門が京で活動していたことが知られる。

▼彫金［ちょうきん］

金工技法の一種。金属面を鏨《たがね》で文様や文字を彫り、加飾する技法。毛彫、蹴彫などで線文様を表すもの、肉合彫《ししあいぼり》、高肉彫《たかにくぼり》で文様を立体的に表したもの、象嵌《ぞうがん》を施したものなどがある。　⇒象嵌

▼塵居［ちりい］

箱類の部分名称。被蓋造や合口造などの蓋甲の周縁で、甲盛がはじまるまでの僅かな平らの部分を指す。塵のつもりやすい部分という意味からこの呼称がある。

▼堆黒［ついこく］

彫漆の一種。堆朱と同様に漆を塗重ねて最表層に黒色が表れるよう彫り出す技法。「堆烏《ついう》」とも呼ばれる。

▼堆朱［ついしゅ］

彫漆の一種。漆を厚く塗り重ねた層に文様を彫って表したもの。朱漆が表面に表れたものを堆朱と呼ぶ。剔紅《てきこう》の和名。

▼付描［つけがき］

平蒔絵の一種。粘稠性の強い絵漆で描き、その上に細かい粉を蒔き付けて細線を表したもの。波文や草花の葉脈・花芯に用いる。

▼詰梨地［つめなしじ］

梨地の一種。梨地粉を濃密に詰めて蒔いたところから、この呼称がある。濃梨地《こいなしじ》とも呼ぶ。また淡く蒔いたものを薄梨地、粗密を交えたものを叢梨地《むらなしじ》と呼ぶ。　⇒梨地

▼手箱［てばこ］

化粧道具や手廻りの小品を収納する容器。『類聚雑要抄《るいじゅうざつようしょう》』（十二世紀）には、歌集、硯箱、料紙なども納めている。鎌倉時代の梅蒔絵手箱（三嶋大社）は最古の遺品で、ここには鏡、鏡箱、歯黒箱、白粉箱《おしろいばこ》、薫物箱《たきものばこ》、櫛などの化粧道具を納めており、その傾向は近世にまで伝えられた。

▼研出蒔絵［とぎだしまきえ］

粉固めまでは基本的に平蒔絵と同じであるが、中塗研ぎ面に蒔絵を施し、上塗に透漆を用いて器物全体を塗り込め、乾燥後、文様を木炭で研いで表し、さらに摺漆《すりうるし》を数回施し、油と角粉《つのこ》で磨いたもの。　⇒平蒔絵

▼鍍金［ときん］

金工技法の一種。金属の表面に金の皮膜を付着させて黄金色にすること。古代は、水銀に金を溶かしたアマルガム鍍金が行われた。

▼永田友治［ながたゆうじ］　生歿年不詳

江戸中期の蒔絵師。光琳歿後の享保から元文年間にかけて光琳模様を専門にした蒔絵師で、高蒔絵に錫粉を用い

ることを工夫し「友治上げ」と称された。

▼中塗研［なかぬりとぎ］

上塗の肌理を整えるために行うもので、下地、中塗の後に砥石や木炭で研ぎを行う。

▼梨地［なしじ］

地蒔の一種。梨子地とも書く。梨の果実の肌に似るところからその名がある。平目粉をさらに薄くのばした梨地粉を蒔いて黄味を帯びた透漆を薄く数回にわたり塗り込め、乾燥後に漆の表面を研出して磨いたもので、梨地粉は基本的に透漆中にあって表面に現れることがない。⇒平目地

▼塗立［ぬりたて］

漆を塗り立てる意で、上塗をぬったまま研ぎ出さないで仕上げたもの。花塗、塗放しともいう。

▼根来塗［ねごろぬり］

朱漆塗を主とした塗物の俗称。朱一色以外に、朱と黒、朱と透漆の塗り分けも根来塗と称され、絵根来、黒根来、彫根来などの呼称もある。紀州根来寺やその周辺で中世に作られた朱漆器を後世根来塗と称されるに至った。鎌倉・室町時代以降に制作された飲食器、宗教用具、文房具、武具などの朱漆器を、一般に根来塗と総称している。

▼原羊遊斎［はらようゆうさい］（一七六九〜一八四五）

江戸後期の蒔絵師。俗称は久米次郎、更山と号した。江戸琳派の画家酒井抱一（一七六一〜一八二八）をはじめ松平不昧、谷文晁、大田蜀山人、七代市川團十郎等と親交して、大名家や文化人、富裕町人の特別注文に応える傍ら櫛、盃、印籠といった量産品まで多岐にわたる蒔絵を制作した。特に抱一下絵の琳派風蒔絵は特色のひとつ。

▼針描［はりがき］

蒔絵技法の一種。ひっかき、針刻、針彫ともいう。漆を塗って粉を蒔いた後に、針など先の尖ったもので引掻いて細線を表したもの。室町時代に起こり、桃山時代から江戸初期に流行した。

▼筆架［ひっか］

筆を載せかけておく台。ふでかけ。

▼平文［ひょうもん］

蒔絵技法の一種。金、銀、錫などの薄板を文様に切って漆面に貼り付け、その上から漆で塗り込めた後に、板金の上の漆を研ぎ出して文様を表す技法。同様の技法で板金の上の漆を剥ぎ取る技法を平脱《へいだつ》と呼ぶ。ごく薄い板金を直接漆面に貼ったものを貼付平文という。

▼平蒔絵［ひらまきえ］

蒔絵技法の一種。上塗された面に絵漆で文様を描き、半乾燥した後に粉蒔きを行い、その後、十分に乾燥させて文様部分のみに生漆を塗り、粉固めを行い、乾燥後に磨いて仕上げたもの。粉を蒔きつけたままのものを蒔放しという。⇒蒔放し

▼平目地［ひらめじ］

地蒔の一種。平目粉を蒔いて透漆で塗り込め、漆の表面に平目粉が現れるまで研ぎ出したもの。⇒平目粉

▼平目粉［ひらめふん］
蒔絵粉の一種。鑢粉《やすりふん》を扁平にした形状の粉で、当麻寺の仁治三年（一二四二）銘蓮池蒔絵厨子扉に施された地蒔が早期の例である。近世に梨地と平目地に分化し、それぞれの特色を発揮した。 ⇒平目地

▼蓋鬘［ふたかずら］
蓋の側面。被蓋造《かぶせぶたづくり》や合口造《あいくち》などの蓋甲に対して垂直に下がる側板の部分を指す。

▼文台［ぶんだい］
短冊や書籍などを載せる低い台、机。詩歌の世界を象徴する道具で、室町時代に硯箱と一具をなして形式化した。

▼本阿彌光悦［ほんなみこうえつ］（一五五八～一六三七）
徳友斎、大虚庵と号す。室町幕府の刀剣の磨ぎ、拭い、目利を家職とする京の上層町衆を出自とする。寛永の三筆に数えられる能筆として知られ、作陶にも優れた才能を発揮し、光悦蒔絵と呼ばれる独創的な造形性を示す漆器を制作したが、確実な光悦蒔絵を見極めるのは難しい。

▼蒔絵［まきえ］
絵漆で文様を描いて、その上に金や銀などの金属粉、色粉を蒔きつけて表したもの。平蒔絵、研出蒔絵、高蒔絵の基本的な三種類の技法がある。

▼蒔放し［まきはなし］
平蒔絵の一種。漆で文様を描いて粉を蒔いたままにして固めたり、磨いたりしない方法。高台寺蒔絵に多くみられるが、実際にはわずかな粉固めを行っている場合が多い。 ⇒平蒔絵

▼蒔暈し［まきぼかし］
蒔絵技法の一種。蒔絵粉を密から疎へと、次第に濃度に変化をつけながら蒔きつけていく手法。山や土坡の裾、雲霞など輪郭を暈かす場合に用いる。

▼夜光貝［やこうがい］
螺鈿に用いる貝材の一種。美しい光沢を放つところから螺鈿の材料として中国、琉球、日本で古くから用いられた。夜光貝は厚貝で乳白色、薄貝になると青味と赤味のある光を放つのが特徴である。 ⇒螺鈿

▼山本春正［やまもとしゅんしょう］
江戸時代の蒔絵師の家系。初代春正（一六一〇～八二）は、通称次郎三郎、和歌を木下長嘯子《ちょうしょうし》、松永貞徳に学んで舟木と号し、京都歌壇にその名を知られた。晩年、法橋に叙せられた。また蒔絵にも優れ、二代以降は春正と名乗り蒔絵師として活躍したが、五代春正正令の時、天明の大火に遭い名古屋に移り住んだ。

▼螺鈿［らでん］
加飾技法の一種。夜光貝、鮑貝、白蝶貝などの貝殻の真珠層を文様に切って、器物に貼りつける、或いは嵌め込む装飾技法。「螺」は美しい光沢の巻貝のことで、「鈿」は金の飾りという意である。室町時代頃から「青貝」の呼称も用いられた。 ⇒青貝

▼料紙箱［りょうしばこ］
ものを書くための料紙、書簡箋や草子などに用いる料紙、用紙などを入れておくための箱。江戸時代に硯箱と一具となった。

主要参考文献一覧

■一般書

『稿本日本帝国美術略史』 明治34年 農商務省
『光琳派畫集』田島志一 明治36～39年 審美書院
『光琳乾山名作集』 明治39年 國華社
『東洋美術大観 5』大村西崖編 明治40年 審美書院
『光悦派畫集』上野理一編 明治42年 國華社
『光悦派三名家集』日本美術協会 大正4年 審美書院
『光悦』光悦会・森田清之助編 大正5年 芸艸堂
『東亜美術史綱 一～二』フェノロサ 有賀長雄訳 大正10年 フェノロサ氏記念会
『東洋漆工史』六角紫水 昭和7年 雄山閣
『楽浪彩篋塚』 昭和9年 朝鮮古蹟研究会
『本阿弥行状記と光悦』正木篤三 昭和20年 大雅堂
『伊勢物語古註釋の研究』大津有一 昭和29年 宇都宮書店
『石清水八幡宮史料叢書一 男山考古録 全』 昭和35年 石清水八幡宮社務所
『光悦』林屋辰三郎編 昭和39年 第一法規出版
『上代倭絵全史』家永三郎 昭和41年 墨水書房
『伊勢物語の研究 研究篇・資料篇』片桐洋一 昭和43・44年 明治書院
『日本漆工史私稿完』吉野富雄 昭和45年 吉野政江
『中世古今集注釈書解題 1～5』片桐洋一 昭和46～61年 赤尾照文堂
『平家納経の研究 研究編 上・下』小松茂美 昭和51年 講談社
『日本の漆芸 蒔絵 Ⅰ～Ⅳ』岡田譲ほか 昭和53年 中央公論社
『東洋漆芸史の研究』岡田譲 昭和53年 中央公論美術出版
『平安時代の文学と生活』池田亀鑑 昭和52年 至文堂
『工芸にみる古典文学意匠』京都国立博物館編 昭和55年 紫紅社
『新安海底遺物』韓国文化公報部文化財管理局編 １９８３年 同和出版公社（ソウル）
『新潮日本古典集成 謡曲集 上・中・下』伊藤正義校注 昭和58～63年 新潮社
『芸能の視座－日本芸能の発想－』小笠原恭子 昭和59年 桜楓社
『伊勢物語絵』伊藤敏子 昭和59年 角川書店
『漆工 原始・古代編』（『日本の美術』２２９）小松大秀 昭和60年 至文堂
『漆工 中世編』（『日本の美術』２３０）鈴木規夫 昭和60年 至文堂
『漆工 近世編』（『日本の美術』２３１）灰野昭郎 昭和60年 至文堂
『根来』河田貞 昭和60年 紫紅社
『溝口三郎遺稿集』山邊知行ほか編 昭和61年 藝林社
『伊勢物語の新研究』片桐洋一 昭和62年 明治書院
『服飾の表情』小池三枝 平成3年 勁草書房
『神奈川県鎌倉市佐助ヶ谷遺跡発掘調査報告』佐助ヶ谷遺跡発掘調査団編 平成5年 佐助ヶ谷遺跡発掘調査団
『漆芸品の鑑賞基礎知識』小松大秀・加藤寛 平成9年 至文堂
『「かざり」の日本文化』辻惟雄編 平成10年 角川書店
『類聚雑要抄指図巻』川本重雄・小泉和子編 平成10年 中央公論美術出版
『中國美術分類全集 中國漆器全集 第三巻 漢』中國漆器全集編輯委員会編 １９９８年 福建美術出版社
『文房具』（『日本の美術』４２４）小松大秀 平成13年 至文堂
『海を渡った日本の漆器Ⅲ（技法と表現）』（『日本の美術』４２８）加藤寛 平成14年 至文堂
『塗物茶器の研究－茶桶・薬器・棗－』内田篤呉 平成15年 淡交社
『伊勢物語古註釈大成 1～2』片桐洋一・山本登朗編 平成16～17年 笠間書院
『生きつづける光琳 イメージと言説をはこぶ《乗り物》とその軌跡』玉蟲敏子 平成16年 吉川弘文館
『光琳デザイン』ＭＯＡ美術館編 平成17年 淡交社

■論考

「住江図硯箱」（『國華』82）明治29年 國華社
「光悦忍草蒔絵硯箱」古筆了任（『國華』91）明治30年 國華社
「本阿弥光悦 上・下」横井時冬（『國華』１６４・１６６）明治36年 國華社
「蒔絵に於ける光悦と光琳」横井時冬（『國華』１９０）明治39年 國華社
「光琳の絵画と蒔絵」神坂雪佳（『京都美術』36）大正4年 芸艸堂
「光琳の蒔絵」戸島光孚（『京都美術』36）大正4年 芸艸堂
「尾形光琳作鵜舟蒔絵硯箱解」（『國華』４１６）大正14年 國華社
「時代性格表現としての王朝末風流藝術」尾形亀吉（『文學』5－7）昭和12年 岩波書店
「光琳蒔絵硯箱と乾山の箱書」福井利吉郎（『文化』9－6）昭和17年 東北大学文学部
「箱の文化を語る 4」野間清六（『須貴』10）昭和25年
「近世工芸における装飾性－高台寺蒔絵と光悦蒔絵の場合－」岡田譲（『ＭＵＳＥＵＭ』1）昭和26年 美術出版社

「光琳の蒔絵」溝口三郎（『ＭＵＳＥＵＭ』１）昭和26年　美術出版社
「八橋蒔絵硯箱　尾形光琳作」岡田譲（『ＭＵＳＥＵＭ』19）昭和27年　美術出版社
「子の日棚と織部棚」岡田譲（『ＭＵＳＥＵＭ』64）昭和31年　美術出版社
「光悦の蒔絵」岡田譲（『萌春』60）昭和33年　日本美術新報社
「光琳の漆芸について」松田権六（『萌春』60）昭和33年　日本美術新報社
「光琳の蒔絵」中島泰之助（『萌春』60）昭和33年　日本美術新報社
「光悦の蒔絵」岡田譲（『光悦』）昭和39年　第一法規出版
「小袖文様の発想法―寓意性について―」小寺三枝（『お茶の水女子大学人文科学紀要』17）昭和39年　お茶の水女子大学
「本阿弥光悦作　樵夫蒔絵硯箱　竹蒔絵硯箱」岡田譲（『國華』８８７）昭和41年　國華社
「古今注の世界―その反映としての中世文学と謡曲―」伊藤正義（『観世』昭和45年6月号）檜書店
「舞楽蒔絵硯箱について」荒川浩和（『ＭＵＳＥＵＭ』２６６）昭和48年　美術出版社
「光悦蒔絵資料としてのその消息」荒川浩和（『漆工史』２）昭和54年　漆工史学会
「番外謡曲『蛙』の説話學的考察」徳江元正（『西尾光一教授定年記念論集　論纂　説話と説話文学』）昭和54年　笠間書院
「漆芸品における文学意匠　上・下」小松大秀（『ＭＵＳＥＵＭ』３６０・３６６）昭和56年　ミュージアム出版
「雁金屋衣裳図案帳について」西本周子（『美術史』１１３）昭和57年　美術史学会
「漆芸品における『蘆手』表現とその展開」小松大秀（『ＭＵＳＥＵＭ』３８３）昭和58年　ミュージアム出版
「かきつばた―『伊勢物語』第九段の絵画―」千野香織（『能と狂言』16）昭和61年　伝統芸能振興会
「硯箱」荒川浩和（『季刊永青文庫』22）昭和62年　永青文庫
「作品研究　志賀」西村聡（『観世』昭和63年1月号）檜書店
「高津古文化会館蔵『扇面草紙』について」並木誠士（『ＭＵＳＥＵＭ』４５２）昭和63年　ミュージアム出版
「扇と和歌と」赤瀬信吾（『國語と國文學』65-5）昭和63年　至文堂
「シンポジウム『風流と伝承』」伝承文学研究会編（『伝承文学研究』36）平成元年　三弥井書店
「本法寺『宝相華螺鈿法華経箱』」灰野昭郎（『学叢』11）平成元年　京都国立博物館
「李朝螺鈿をめぐる二、三の問題」高橋隆博（『大和文華』81）平成元年　大和文華館
「光琳蒔絵二題」山根有三（『國華』１１２３）平成元年　國華社
「尾形光琳・乾山合作　松波図蓋物」山根有三（『國華』１１２７）平成元年　國華社
「燕子花考」西本周子（『日本絵画史の研究』）平成元年　吉川弘文館
「光琳晩年の蒔絵について」山根有三（『國華』１１３６）平成2年　國華社
「室町時代における古歌の造形」片桐弥生（『日本文化研究』5）平成5年　静岡県立大学短期大学部日本文化学会
「室町文芸と説話―蒔絵意匠に探る―」徳田和夫（『説話の講座　第六巻　説話とその周縁―物語・芸能―』）平成5年　勉誠社
「高津古文化会館蔵『扇面草紙』・追録」並木誠士（『ＭＵＳＥＵＭ』５２２）平成6年　ミュージアム出版
「尾形光琳筆絵盃」山根有三（『國華』１１９５）平成7年　國華社
「螺鈿牡丹唐草文の系譜―本阿弥光悦の螺鈿意匠に関連して」高橋隆博（『ＭＵＳＥＵＭ』５４０）平成8年　ミュージアム出版
「判じ絵の始発―『扇の草子』の雅俗」安原眞琴（『國文學』41-4）平成8年　学燈社
「子日蒔絵棚・扇面鳥兜螺鈿蒔絵料紙箱・舞楽螺鈿蒔絵硯箱の再検討」大橋俊雄（『漆工史』22）平成11年　漆工史学会
「伝光悦作『樵夫蒔絵硯箱』の意匠をめぐって」内田篤呉（『光悦と能―華麗なる謡本の世界』）平成11年　ＭＯＡ美術館
「尾形光琳筆　梅図銚子」山根有三（『國華』１２５７）平成12年　國華社
「漆芸品における文学意匠再考」小松大秀（『ＭＵＳＥＵＭ』５６４）平成12年　大塚工藝社
「考古資料の修復と文化財科学―福井県家久遺跡・礫槨墓出土漆器の事例から―」四柳嘉章（『國學院大学博物館学紀要』27）平成15年　國學院大学博物館学研究室
「本阿弥光悦寄進『花唐草文螺鈿経箱』の技法的特徴」山崎剛（『月刊文化財』４８８）平成16年　第一法規出版

■展覧会図録

『燦く漆　蒔絵　初音調度の源流を求めて』平成5年　徳川美術館
『鉄心斎文庫所蔵　伊勢物語図録　1～20集』平成3～13年　鉄心斎文庫伊勢物語文華館
『やきもの硯　中国・朝鮮・日本』平成3年　大阪市立東洋陶磁美術館
『伊勢物語の世界』平成6年　五島美術館
『蒔絵―漆黒と黄金の日本美』平成7年　京都国立博物館
『歌絵』平成7年　和泉市久保惣記念美術館
『光悦と能―華麗なる謡本の世界』平成11年　ＭＯＡ美術館
『江戸蒔絵―光悦・光琳・羊遊斎―』平成14年　東京国立博物館

あとがき

硯箱は、漆工品を代表するものだが、硯箱のみを扱った図書は刊行されていない。淡交社編集部の野口真紀子さんが、硯箱の企画を思いついたのはこうした理由であろう。昨年八月の末に野口さんから本書出版の話を戴いたが、原稿の締切まで二ヵ月間と言われ吃驚した。結局、脱稿したのは十二月下旬であった。

本書執筆に当たり、できるだけ実見した作品を取り上げるように努めた。漆芸品は、図版や写真、ガラスケース越しに見るのと、実際に手に取らせて戴くのとでは、観察の度合いが大きく異なる。特に顕微鏡による観察は必須で、微細な技法上の相違が作品の制作年代や作者の判別に大きく関わってくる。

硯箱を実際に拝見すると、模古作の問題に突き当たる。これは、江戸初期に室町蒔絵を模造した場合と、明治期に江戸初期の蒔絵を模造した二通りの場合がある。何れも経年変化がみられ、時代判定が極めて難しい。模古作に関しては、編年可能な基準となる資料が乏しく、研究者によって意見が分かれるところで、またデリケートな問題も含んでいるため、現状では結論の出ないものが多い。しかし、近年の先端科学技術の発展は目覚しく、十年前までは不可能であった高倍率の顕微鏡観察やコンピュータによる画像処理など、今日では光学器機が比較的簡単に利用できるようになった。こうした科学調査に基づく蒔絵の材料・技法論が確立されてくると、模古作の問題も検討することが可能となるだろう。本書では、作品の制作年代について従来の説を踏襲したが、一般論ではあるが、将来的に制作年代は百年単位で動く可能性のあることを指摘しておきたい。近年、日本美術の枠組みが大きく揺らいでいるが、漆工史においても研究の目的や枠組み、方法論など、漆工史は何処に向かうのか議論されてよい時期にきていると思う。

本書の文中では、敢えて旧字を使用した箇所がある。人物名や文献史料の引用箇所などである。正しい日本語を使うこと、これは漆工史学会の故徳川義宣会長、荒川浩和副会長の両先生の学問に対する姿勢で、私にとって貴重な漆工史の学統として大切に受け止めている。

最後に本書の刊行に当たっては、淡交社の野口真紀子さんに格別のご配慮を戴いた。また論考に際し、荒川浩和氏、石川泰水氏、伊丹まどか氏、岡佳子氏、小池富雄氏、高橋あけみ氏、多比羅菜美子氏、灰野昭郎氏、室瀬和美氏、四柳嘉章氏から貴重なご教示を戴いた。校正には中本久美子氏の手を煩わせた。また末尾ながら、作品の掲載を快く承諾くださった御所蔵者の方々に、感謝の意を表する次第である。

平成十八年二月　立春の日

内田篤呉

著者略歴

内田篤呉［うちだ とくご］

一九五二年、東京に生まれる。慶應義塾大学卒業。現在、MOA美術館学芸部長。

著書に『近代日本の漆工芸』（京都書院）、『塗物茶器の研究』（茶道文化学術奨励賞受賞、淡交社）、『手箱』（分担執筆 駸々堂出版）、『茶道学大系 第五巻』（分担執筆 淡交社）、『尾形光琳筆 国宝 紅白梅図屏風』（分担執筆 中央公論美術出版）、『光琳デザイン』（編著 淡交社）がある。

写真協力（敬称略）

厳島神社
北野天満宮
熊野本宮大社
　宮司 九鬼家隆
知恩院
鶴岡八幡宮
仁和寺
三嶋大社
薬師寺
石川県立美術館
MOA美術館
京都国立博物館
宮内庁三の丸尚蔵館
五島美術館
サントリー美術館
静嘉堂文庫美術館
仙台市博物館
大東急記念文庫
東京国立博物館
徳川美術館
徳川黎明会
名古屋市博物館
根津美術館
畠山記念館
彦根城博物館
藤田美術館
越前市教育委員会
鎌倉市教育委員会
京都市
金井杜道
宮原正行
名鏡勝朗
飛鳥園
角川書店
大日本絵画
中央公論新社
便利堂

装幀・本文デザイン
竹内由美子

硯箱の美 蒔絵の精華

平成十八年三月十五日 初版発行

著者 内田篤呉
発行者 納屋嘉人
発行所 株式会社 淡交社
本社 京都市北区堀川通鞍馬口上ル
　営業 （〇七五）四三二—五一五一
　編集 （〇七五）四三二—五一六一
支社 東京都新宿区市谷柳町三九—一
　営業 （〇三）五二六九—七九四一
　編集 （〇三）五二六九—一六九一
http://www.tankosha.co.jp
印刷 大日本印刷株式会社
製本 株式会社 オービービー

ISBN4-473-03305-8